# 最美国学

## 庄子

季旭升教授
文心工作室 编著

总策划

 中央编译出版社
Central Compilation & Translation Press

图书在版编目（CIP）数据

庄子/文心工作室编著. —北京：中央编译出版社，2014.1（2019.3重印）
（最美国学）
ISBN 978-7-5117-1854-9

Ⅰ. ①庄… Ⅱ. ①文… Ⅲ. ①道家 ②《庄子》-通俗读物 Ⅳ. ①B223.5-49

中国版本图书馆CIP数据核字（2013）第262793号

京权图字：01-2007-0391
中文經典100句：莊子
中文簡體字版ⓒ2006 由中央編譯出版社發行
本書經城邦文化事業股份有限公司商周出版事業部授權，同意經由中央編譯出版社，出版中文簡體字版本。
非經書面同意，不得以任何形式任意重製、轉載。

### 最美国学　庄子

| | |
|---|---|
| 出 版 人： | 葛海彦 |
| 出版统筹： | 贾宇琰 |
| 策 划 人： | 苗永姝 |
| 责任编辑： | 苗永姝 |
| 责任印制： | 刘　慧 |
| 出版发行： | 中央编译出版社 |
| 地　　址： | 北京西城区车公庄大街乙5号鸿儒大厦B座（100044） |
| 电　　话： | （010）52612345（总编室）　　（010）52612335（编辑室）<br>（010）52612316（发行部）　　（010）52612346（馆配部） |
| 传　　真： | （010）66515838 |
| 经　　销： | 全国新华书店 |
| 印　　刷： | 北京紫瑞利印刷有限公司 |
| 开　　本： | 880毫米×1230毫米　1/32 |
| 字　　数： | 190千字 |
| 印　　张： | 10 |
| 版　　次： | 2014年1月第1版 |
| 印　　次： | 2019年3月第4次印刷 |
| 定　　价： | 30.00元 |

| | |
|---|---|
| 网　　址： | www.cctphome.com　　邮　　箱：cctp@cctphome.com |
| 新浪微博： | @中央编译出版社　　微　　信：中央编译出版社（ID: cctphome） |
| 淘宝店铺： | 中央编译出版社直销店（http://shop108367160.taobao.com）<br>（010）55626985 |

**本社常年法律顾问：北京市吴栾赵阎律师事务所律师　闫军　梁勤**
凡有印装质量问题，本社负责调换，电话：（010）55626985

# 目 录

## 方生方死，方死方生

以生为附赘县疣，以死为决疣溃痈　003

安时而处顺，哀乐不能入也　006

方生方死，方死方生　009

瞻彼阕者，虚室生白，吉祥止止　012

以汝为鼠肝乎？以汝为虫臂乎？　015

有骇形而无损心，有旦宅而无情死　018

身在江海之上，心居乎魏阙之下　021

天地，一指也；万物，一马也　024

以天地为大炉，以造化为大冶　027

庄周梦为胡蝶，栩栩然胡蝶也　030

望之似木鸡矣，其德全矣　033

自其异者视之，肝胆楚越也；自其同者视之，万物皆一也　036

不知其不胜任也，是其才之美者也　039

夫迹，履之所出，而迹岂履哉　043

## 以天地为棺椁，以日月为连璧

天下之水，莫大于海 049

自细视大者不尽，自大视细者不明 052

以天地为棺椁，以日月为连璧 055

夜半有力者负之而走 058

知不可奈何而安之若命 061

肌肤若冰雪，淖约若处子 065

螳螂执翳而搏之，见得而忘其形；异鹊从而利之，见利而忘其真 069

人生天地之间，若白驹之过郤，忽然而已 073

天无私覆，地无私载 077

天地与我并生，万物与我为一 081

## 至道之精，窈窈冥冥；至道之极，昏昏默默

博之不必知，辩之不必慧 087

人莫鉴于流水，而鉴于止水，唯止能止众止 090

以神遇而不以目视 093

用志不分，乃凝于神 096

大块载我以形 099

吾生也有涯，而知也无涯 102

其耆欲深者，其天机浅 105

指穷于为薪，火传也，不知其尽也 108

道隐于小成，言隐于荣华 111

# 目 录

至道之精，窈窈冥冥；至道之极，昏昏默默 114

伯乐善治马，陶匠善治埴木 117

圣人不死，大盗不止 121

盗亦有道 125

## 君子之交淡若水，小人之交甘若醴

相呴以湿，相濡以沫 131

相视而笑，莫逆于心 134

自埋于民，自藏于畔 137

弃千金之璧，负赤子而趋 140

君子之交淡若水，小人之交甘若醴 143

彼游方之外者也，而丘游方之内者也 146

同类相从，同声相应 149

士有道德不能行，惫也；衣弊履穿，贫也，非惫也 152

唇竭则齿寒 156

## 得鱼忘筌；得兔忘蹄；得意忘言

惠施多方，其书五车，其道舛驳，其言也不中 163

非梧桐不止，非练实不食，非醴泉不饮 166

终身役役而不见其成功，茶然疲役而不知其所归 169

莫寿于殇子，而彭祖为夭 172

得鱼忘筌；得兔忘蹄；得意忘言 175

予恶乎知说生之非惑邪 178

去小知而大知明，去善而自善矣 181

吾守形而忘身，观于浊水而迷于清渊 184

钩绳规矩，绳约胶漆 187

知遇而不知所不遇，知能能而不能所不能 190

两喜必多溢美之言，两怒必多溢恶之言 193

大而无当，往而不反 196

视而可见者，形与色也；听而可闻者，名与声也 199

大浸稽天而不溺，大旱金石流土山焦而不热 202

形固可使如槁木，而心固可使如死灰乎 205

荣辱立，然后睹所病；货财聚，然后睹所争 209

事若不成，则必有人道之患；事若成，则必有阴阳之患 213

巧者劳而知者忧，无能者无所求 217

养志者忘形，养形者忘利，致道者忘心 221

不赏而民劝，不罚而民畏 225

无思无虑始知道，无处无服始安道，无从无道始得道 229

## 其于游刃必有余地矣

周将处夫材与不材之间 235

依乎天理，批大郤，导大窾，因其固然 238

天地有大美而不言 241

山木自寇，膏火自煎 244

以火救火，以水救水 247

庖人虽不治庖，尸祝不越樽俎而代之矣 250

## 目 录

其于游刃必有余地矣 253

为善无近名,为恶无近刑 256

举世而誉之而不加劝,举世而非之而不加沮 259

不徐不疾,得之于手而应于心 263

大道不称,大辩不言,大仁不仁,大廉不嗛,大勇不忮 267

## 骐骥骅骝, 一日而驰千里

抟扶摇而上 273

朝菌不知晦朔,蟪蛄不知春秋 276

褚小者不可以怀大,绠短者不可以汲深 279

井蛙不可以语于海者,夏虫不可以语于冰者 282

鹪鹩巢于深林,不过一枝;偃鼠饮河,不过满腹 285

豹养其内而虎食其外,毅养其外而病攻其内 288

骐骥骅骝,一日而驰千里 291

鸟兽不厌高,鱼鳖不厌深 294

不辩牛马 297

入兽不乱群,入鸟不乱行 300

瞽者无以与乎文章之观,聋者无以与乎钟鼓之声 303

背负青天而莫之夭阏者,而后乃今将图南 307

方生方死,
方死方生

# 以生为附赘县疣,以死为决疣溃痈

## 名句的诞生

彼方且与造物者为人[1],而游乎天地之一气,彼以生为附赘县疣[2],以死为决疣溃痈[3]。夫若然者,又恶知死生先后之所在?假于异物,托于同体[4],忘其肝胆,遗其耳目,反复终始,不知端倪[5]。

——大宗师

## 完全读懂名句

1. 为人:为偶,为伴。2. 附赘县疣:赘疣附悬,意即受累。3. 决疣溃痈:疽疮溃破。痈音yōng,红肿出浓的疮。意即脱离受累。4. 假于异物,托于同体:借着不同的原质,聚合而成一个形体。假,托、寄托。5. 端倪:头绪。

他们能够这般,所以把死生看做循环一气,不分先后,人的有生不过是偶然会合成功的,既然将生和死看做是偶然的,所以能忘却形体里面的肝胆、形体外面的耳朵和眼睛。死和生来来往往,只任他们自然变化,没有头绪可寻。

## 名句的故事

子桑户、孟子反、子琴张三个人相互交为朋友,并说:"谁能相交在不相交之中,相助于不相助之中,谁能登上天空而遨游于云雾,宛转没有穷尽;无所谓生,无所谓死?"三人相视而笑,默契于心,于是相互交为朋友。

不久,子桑户死去。还没埋葬时,孔子听到这件事,便叫子贡前去吊唁。一个人唱挽歌,一个人弹琴,二人相和唱着说:"哎呀!桑户,你已经返本归真了,而我们还是活着的人啊!"子贡快步上前说:"请问你们对着尸体唱歌,这样合乎礼仪吗?"二人相望而笑着说:"这样说怎么会是懂得礼的真正意义呢?"子贡返回后,告诉孔子这件事。

子贡问孔子说:"他们是什么人呢?不修德行,置身度外,对着死尸唱歌,脸不变色,没办法形容他们,他们是什么人呢?"孔子回答说:"他们是处于礼教世俗之外,所谓'游方之外'的人,而我们是处于礼教世俗的人。外内是不相通的。我让你去吊唁他,我实在太固陋了。"

"游方之外"的人,不拘于礼教世俗,所以不用世俗的礼仪来祭祀子桑,他们认为"生死"只是自然的一种现象,所以对于

方生方死，方死方生

生死都能毫不牵挂。

## 历久弥新说名句

儒家的主张向来与道家不同。就生死观而言，儒家认为有比生命更重要的东西，即是"仁"。孔子说："志士仁人，无求生以害仁，有杀身以成仁。"（《论语·卫灵公》）在孔子看来，人最重要的是"仁"。孟子更明确地论述了这一点，他说："生，亦我所欲也；义，亦我所欲也。二者不可得兼，舍生而取义者也。"（《孟子·告子》）

在西洋，在公元前三世纪希腊化时期的斯多葛学派，他们认为所有的自然现象，如生与死，苦与乐，都是大自然不变的法则，任何事物的发生都有它的道理，人必须学会接受自己的命运。当命运敲响一个人的大门时，不管是幸运还是不幸，除了满心坦然地开门接纳，没有别的选择。他们认为，一切外在的东西都不重要，唯一重要的是保持自己内心的宁静。所以，我们今天仍然形容那种不轻易感情用事的人，具有一种"斯多噶式的冷静"。

# 安时而处顺,哀乐不能入也

## 名句的诞生

适[1]来,夫子[2]时也;适去,夫子顺也。安时而处顺,哀乐不能入也,古者谓是帝之县解[3]。

——养生主

## 完全读懂名句

1. 适:偶然。2. 夫子:对老师的尊称。此指老聃,也就是老子。3. 帝之县解:解除了自然的倒悬。意谓人生在世,必有生死哀乐的牵累,就像用绳子倒悬吊起来一样的痛苦;超越生死哀乐,即是解除倒悬的束缚。县,音xuán。

偶然地来到人间,是你的老师应时而生;忽然地离去,是你的老师顺命而死。安于时机且顺应自然的变化,哀乐情感皆不能进入心中,古人称此为解除自然的倒悬。

方生方死，方死方生

## 名句的故事

　　文中描述一个名叫秦失的人，他是老子的好朋友，前去吊唁老子时，仅仅哭了三声就走了出来；老子的学生觉得很不可思议，既然两人是好友，秦失怎会对他们的老师如此淡漠呢？秦失告诉老子的学生说，许多人舍不得老子的离开，哭得像失去自己的亲人一样，这一定是老子生平有让他们情不自禁称誉之处。但这样的做法根本是逃避天理、违背自然，忘记了人所禀赋的本质，也就是所谓的"遁天之刑"，意即逃避自然的惩罚。

　　秦失认为人的生命是"偶然"而生，却又"必然"而死，生死实为一体，既然这是谁都无法改变的事实，人们为何不用"安时处顺"的态度，来面对生死存亡的这段必经历程？让哀乐情感不能进入心中，影响内在的悲喜情绪，即可解除人身形躯带来的牵扯系绊。秦失的这番言论，实为代庄子发言，表达其对"养生"与"县解"的重视。庄子相信人原本可以活得安然自在，死时也可以无牵无挂地离开，端看人心愿不愿意放下自我的限制，除去形体的负担，让身心获得真正的自由。

## 历久弥新说名句

　　《庄子》一书分有内篇、外篇和杂篇三大部分，内篇七篇历来公认是庄子思想的精髓所在，其他两部分则是庄子门人与其后人整理而成。在《庄子·大宗师》中出现："得者，时也，失者，顺也。安时而处顺，哀乐不能入也，此古之所谓县解也。"庄子用与《养生主》几近相同的文字，再一次强调人该安于时机、顺应自然，方能解除被外物束缚的痛苦。可见"安时而处顺，哀乐不能入"乃庄子念兹在兹的一大要旨。

《老子·第十三章》写道："何谓贵大患若身？吾所以有大患者，为吾有身，及吾无身，吾有何患？"意即人必须重视大祸患，如同重视自己的身体一样，因为人的祸患，就是来自这身肉躯，如果没有了这身肉躯，人还有什么祸患呢？老子所谓的"患"，就是外在加诸于人的宠辱，不论受宠或受辱，人的情绪都会因而受到惊吓，失去本然的自主性。"身"即为祸患的源头，所有的物质欲望、名利享受，都会带给人无尽的烦恼。老子提出趋避祸患的方法，就是懂得爱惜、重视身体，使身体不受外物的打扰，才能以清静无为的心，面对外在一切的得与失。

人唯有放下心中的悲喜好恶，体察生命在世的局限，方可抵达"县解"之境，摆脱人世无穷的祸患！

# 方生方死,方死方生

## 名句的诞生

物无非彼[1],物无非是[2]。自彼则不见,自知则知之。故曰彼出于是,是亦因[3]彼。彼是方生之说也,虽然,方生方死,方死方生;方可方不可,方不可方可;因是[4]因非,因非因是。是以圣人不由,而照之于天,亦因是也。

——齐物论

## 完全读懂名句

1. 彼:与自身相对立的另一面。2. 是:在这里解释为"此",与"彼"相对。3. 因:凭借着发生。4. 是:正面的,是的。

事物无不以他物与自己对立的"彼",来作为与自身相同的"此"来存在,也无不因为"此",而有了相对的"彼"。从对立的那一面就看不到这一面，从自身这一面的了解出发，就能明白对立的另一面。所以说"彼"因为"此"而产生的，"此"也是因为"彼"而存在的。"彼"、"此"的分别，是在事物刚发生时的情形，虽然如此，它才刚发生就死去，刚死去就发生了；刚肯定随即又否定，刚否定随即又肯定了；因为有正面所以有反面，因为有反面所以有正面。因此圣人不依循分辨是非错误的途径，而是照应于事物的天性，就是根据这样的道理。

## 名句的故事

庄子在《齐物论》中，大量地举用例子，来说明"事物没有绝对"的道理，正反二面都是相生相因的，一切是与非，端看所持的观点而定。比如人若睡在潮湿的地方，就会犯腰痛的毛病，但泥鳅也会像人一样腰痛吗？人爬上树的高处就会害怕，猿猴也会像人一样恐惧吗？人吃牲畜的肉，麋鹿吃草，蜈蚣吃小蛇，猫头鹰和乌鸦则爱吃老鼠，究竟谁才懂真正的美味？毛嫱和丽姬都是人们公认的美人，但鱼见了她们便深深潜入水底，鸟见了她们则向天空高飞去，麋鹿见了她们拔腿狂奔，究竟谁才懂得真正的美色呢？

人都执著于自己所见的一面，以这一面的偏见去非议别人所见的另一面，却不知此与彼、是与非，都是同时并存、互相消长，没有定论。因此圣人不介入这种无谓的争端，只诉诸自然万物，让万物顺着本身的自然，安于它原有的状态，这也就是

方生方死，方死方生

"天"的道理。

## 历久弥新说名句

庄子对于生与死的差别看得很透彻，《知北游》中他说："人之生，气聚也；聚则为生，散则为死。"认为人生在世不过是气的聚合而已，气聚集则肉体存在，气散亡则肉体消失。俄罗斯作家尤里邦达列夫也曾说："死就是生的不可割除的影子。"死生一共，都是相伴随而来的，如同佛家的概念："生即是死，死即是生。"不可切分。然而旋生旋死，旋死旋生，究竟为何而生、为何而死呢？

明代汤显祖著名的传奇《牡丹亭》，剧中杜丽娘为了梦中的书生柳梦梅一病而死，又为了柳梦梅死而复生。作者在《牡丹亭记题词》说到："情不知所起，一往而深，生者可以死，死可以生。生而不可与死，死而不可复生者，皆非情之至也。"汤显祖用了与"方生方死，方死方生"类似的句型，来探讨情与生死三者间的关系，并将死生的理由归给了"情"，使"情"的地位被推高到极致。

# 瞻彼阕者,虚室生白,吉祥止止

## 名句的诞生

瞻[1]彼阕[2]者,虚室[3]生白[4],吉祥止止[5]。夫且不止,是之谓坐驰[6]。夫徇[7]耳目内通而外于心知,鬼神将来舍[8],而况人乎!

——人间世

## 完全读懂名句

1. 瞻:看、观照。2. 阕:空。3. 虚室:空的房间。比喻心境保持虚静。4. 生白:产生纯白光明。5. 吉祥止止:此指吉利祥瑞聚集于空虚的心。6. 坐驰:身体坐着不动,心神因而自由遨游。另有一解是身体不动,心神向外追逐奔驰。以上两种解释恰成一正一反。7. 徇:音xún,使。8. 舍:安置、归附。

你看看眼前空的地方,空虚的房间,才能展现纯白光明,吉祥之气也将聚集于空虚静止的心。不仅吉祥聚集于此,身体坐着

方生方死，方死方生

不动，心神也会四处遨游，这就称为坐驰。能使耳目感官向内通达，把心思巧智排出在外，连鬼神都要来归附，何况是人呢！

## 名句的故事

"虚"是庄子思想的一大重点。庄子以"虚室生白"作为心灵空虚纯净的譬喻，"虚室"为喻依，用来比喻心，意思是心只有处于空虚的状态，方能展现其纯白光明；此时吉祥之气也将聚集进入虚静的心，进一步达到身体静坐不动、心神四处遨游的"坐驰"境界！若以空间而言，唯有透过"虚空"的环境，才能容纳"实物"，人心若渴望不受束缚地自由活动，必须先涵养心的空虚静止功夫。处"虚"是为了存"实"，养"静"是为了跃"动"，彼此看似对立，却又充满相依相生的微妙关联。

同样在《庄子·人间世》里，也有一段关于"虚"的论述。庄子借孔子与学生颜回之名，仿真两人的对话，文中孔子希望颜回先行斋戒，再与他谈论处世之道。颜回因家境穷困，数月不曾喝酒也未沾荤食，自认已经处于斋戒。但孔子认为颜回做到的是"祭祀之斋"，而非他所期望的"心斋"。孔子对心斋的定义是："唯道集虚。虚者，心斋也。"只有在空虚的状态下，道才能展现出来，"虚"就是心斋。

## 历久弥新说名句

《老子·第十一章》里写道:"三十辐共一毂,当其无,有车之用。埏埴以为器,当其无,有器之用。凿户牖以为室,当其无,有室之用。故有之以为利,无之以为用。"三十根木条聚集在一个车轴中,有了轴心的空虚之处,才有车子的作用;陶土做成器皿,有了中间的空虚之处,才有器皿的作用;开凿窗户建造房间,有了室内的空虚之处,才有房间的作用。这就是"有"带给人便利,"无"发挥了它的作用。从器物以其空虚之处,完成它的实际作用,进而观照人的心灵内在,也是因为有了"无",才得以完成"有"的本然面貌!

东晋诗人陶渊明辞官之后,在五言诗《归园田居》最末四句写道:"户庭无尘杂,虚室有余闲。久在樊笼里,复得返自然。"诗人自从离开喧嚣污浊的官场,家中不再有尘俗杂事来干扰,虽然待在空无一物的房室内,却充满闲暇自适的心境。好像长期被关在樊笼里的鸟,终于可以重返大自然的怀抱!正是从他的"虚室"体会到"有余闲",他的心也因此得到真正的安顿与自由!

# 以汝为鼠肝乎？以汝为虫臂乎？

## 名句的诞生

伟哉！造化¹又将奚²以汝为？将奚以汝适³？以汝为鼠肝乎？以汝为虫臂乎？

——大宗师

## 完全读懂名句

1. 造化：造物主。2. 奚：怎么。3. 适：往。

伟大呀！天地的主宰！又要将你变化做何物呢？将令你何处去呢？将把你变化做鼠的肝吗？将把你变做虫的膀子吗？

## 名句的故事

在庄子的世界中，物种有一种演化的过程，而演化的过程会产生突变，如同卡夫卡的《变形记》一样，人可以变成一只大甲虫。《至乐》中："久竹生青宁，青宁生程，程生马，马生人，人又反入于机。"庄子认为老竹可以生出竹根虫，竹根虫生赤虫，赤虫生马，马生人，人又复归于物种之精微。万物都由物种精微生出，又都返回于它。

所以，庄子认为宇宙一开始，本来什么东西都没有，恍惚之中，气便出现了，气变化为有形体，有形体又变化产生生命，而成为人这个个体。当人死之后，形体瓦解，变化为气，散布于空气中。气的一部分，可能变为老鼠的肝脏，或是小虫的臂膀。在这一刻的当下，人虽死了形体也随之瓦解，可是他的部分，仍会继续变化为气，而以不同的形式存在着。

因此，庄子认为不必为了生死的事情而烦恼悲伤，就顺其自然，生是顺应时机，死也是顺应天命，如果能够安守时机，顺着天命，这样一来，喜、怒、哀、乐等情感，都不会影响人的内心。

## 历久弥新说名句

关于万物的起源，是历代的思想家最好奇的问题，每个思想家穷尽心力试图解决此一问题，但是即使在科学昌明的今日，仍然无法提供一个令人满意的答案。

17世纪德国的哲学家莱布尼兹提出"单子论"，他认为单子是构成世界万物最基本的元素，人的肉体完全由单子组成，这些单子各是一个灵魂，各自永生不死，但是有一个主宰的单子，它构成肉体的一部分,就是所谓的固有灵魂。莱布尼兹"单子论"的说法似乎为人为何会变化为鼠肝或虫臂,提供了一个解释。

唐朝的白居易在晚年的时候体弱多病,但是在病榻中仍然作诗不辍,其中《老病相仍以诗自解》一诗,诗中提到"虫臂鼠肝犹不怪,鸡肤鹤发复何伤",意思说容貌变丑变老不以为意,死后会变化为虫臂或者鼠肝鸡肤也并不感奇怪,全然呈现一种乐天知命、视生死如无物的豁达的态度。金朝人元好问的诗《食榆荚》:"鼠肝虫臂万化途,神奇腐朽相推迁。"则是赞美大自然造育万物的神奇伟大。

而"鼠肚鸡肠"与"鼠肝虫臂"的构词方式相近似,容易令人混淆。"鼠肚鸡肠"是比喻人的度量像老鼠的肚子和鸡的肠子般窄小,多用来形容人的心胸狭隘,度量小。

# 有骇形而无损心，有旦宅而无情死

## 名句的诞生

彼有骇[1]形[2]而无损心，有旦宅而无情死，孟孙氏特觉人哭亦哭，是自其所以乃。

——大宗师

## 完全读懂名句

1. 骇：通"害"，损害。2. 形：指外表的形体、身体等。

孟孙氏有形体的变化却没有心神方面的损伤，形体的变化如同住到新宅而没有真实的死亡；因为孟孙氏对此了解，所以别人哭他也跟着哭，却没有特别忧伤呀。

## 名句的故事

颜渊问孔子："孟孙氏的母亲过世，他哭泣却没有眼泪，心

方生方死，方死方生

中没有忧伤，服丧期间也不哀愁。上面这三种他一项都没做到，为何会因为擅长服丧而闻名鲁国呢？"

孔子回答说："孟孙氏确实尽到服丧的礼节，而且比一般人所领略的更高一层。一般人是很难做到简化丧礼，但是孟孙氏却做到了。"为什么孟孙氏做得到呢？接下来孔子继续解释，但是诠释的角度，仿佛就是庄子的化身，一点都没有儒门的气息，反倒充满道家强调形体无我的味道。

因为孟孙氏不知何谓生、何谓死，不知为何要迷恋生前事，也不知为何要追求死后世界，他把生死当做是物体的变化，并且顺应这样的变化。毕竟，如果物体有变化，哪能猜测到它不变化的一面？如果物体本身是不变的，又如何去猜想它可以变化成什么呢？

换句话说，孟孙氏是个觉醒者，他认识到生死只是一个表象，人的身体只不过换了一个房子住罢了。有趣的是，庄子更进一步问大众："你可以确定你现在和我说话时，不是在做梦吗？"其他人以为死亡就是结束，庄子却在这里假设，说不定死才是生，生才是死，而孟孙氏就是看破这一点，所以比其他人更懂得节制悲伤。

## 历久弥新说名句

禅宗六祖慧能在涅槃前，留下一个看透生死的故事。公元713年，慧能知道自己即将离开人世，便召集弟子，告诉他们这个消息。弟子众人听罢，无不放声大哭，只有神会一人神色依然自若。慧能便说："这么多的弟子中竟然只有神会一个人超脱了善恶的观念，达到了毁誉不动、哀乐不生的境界。其他人呢？这么多年来你们求的是什么道？今天这样的哭泣究竟是为了谁？由于我很清楚自己要往哪里去，才能预先告诉你们我即将要离开。人的法性是不会有生灭去来的。你们哭泣是因为不知道我死后往哪里去，如果知道的话，现在便不会哭泣了。"

生与死，到底哪一部分是真正的生？哪一部分是真正的死？在道家的学说中并没有绝对的答案，庄子就说，方生方死、方死方生，两者是相对的。在世间中，一般人无法真正体悟这种生命延续到另一个世界的道理，因此会有如孔子所说"生死有命"的说法。

但是，从现代的角度来看，牵涉到近来社会推动的"安宁病房"。其实就是对死后生命的肯定与尊重，这便是现代生死学的重要精神。不仅鼓励大家培养对生与死的豁达智能，并学习如何帮助濒死的人，能够自然地接受死亡的事实，并请安详地离去保持死亡的尊严。

# 身在江海之上,心居乎魏阙之下

## 名句的诞生

中山公子牟[1]谓瞻子[2]曰:"身在江海之上,心居乎魏阙[3]之下,奈何?"瞻子曰:"重生。重生则利轻。"

——让王

## 完全读懂名句

1. 中山公子牟:春秋战国时代魏国的公子,名牟,被封于中山,所以称中山公子。2. 瞻子:魏国的贤人。3. 魏阙:古代宫门外的阙门,为悬挂法令的地方,后来变成朝廷的代称。

中山公子牟向贤人瞻子请教:"我虽然身居江湖四方,但是心却还是牵挂着朝廷大事,要怎么办呢?"瞻子说:"要重视养生之道。重视养生之道就会轻视功名利禄。"

## 名句的故事

"让王"顾名思义就是轻视位高权重,转而重视个人生命之延续,讲求自我安贫乐道的生活。庄子这次用魏国公子牟作为例子。

魏国公子牟放弃了领地中山国与荣华富贵,云游四海,在江湖上漂泊,但是时日一久,也难掩没有掌声的孤寂,觉得难以克制自己的欲望。瞻子便要公子牟顺应自己的情绪发展,不要因为压抑,最后让自己的精神面也受伤。

公子牟说自己当然了解这个道理,但是他就是无法掌握住自己的心性。瞻子便又告诉他:"不能自胜则从,神恶乎?不能自胜而强不从者,此之谓重伤。"意即,如果无法控制自己的欲望,便顺着它,精神上就不会觉得有厌恶;如果无法控制又不敢顺从,那岂不是欲望与精神两边都受到伤害?

庄子的学说强调养生,跟生命有关的情欲、情绪也都应受到有效的疏导,以避免觉得不愉快或受到压抑。一旦掌握养生的道理,对于功名利禄自然无所求了。这句名言衍生出的成语"心存魏阙",意即纵使辞官归隐,却仍关心国家朝政。

## 历久弥新说名句

古之士大夫即使身处江湖之远,多数像魏国公子牟一样"心存魏阙",例如顾炎武《日知录》的"天下兴亡,匹夫有责";《孟子·梁惠王下》记述:"乐民之乐者"、"忧民之忧者",或是范仲淹《岳阳楼记》的"先天下之忧而忧,后天下之乐而乐"等,都一再教导读书人要有为天下百姓服务的理想与抱负。

而中国文人的诗句中,确实展现很多"身在江海、心存魏阙"的特殊现象,造就中国特殊的求官文化,利用隐居的方式来培养声望,最后获得朝廷的征召当官,即是所谓的"终南捷径",明朝的陈继儒就是一个代表。清代蒋士铨在其著作《临川梦·隐奸》中便批评他:"翩然一只云中鹤,飞来飞去宰相衙。"揭穿这只鹤的狐狸尾巴,因为陈继儒真正的目的是"借渔樵而哄卿相",假隐士而真求官呀!

鲁迅的杂文中有一篇《帮忙文学与帮闲文学》,他说中国文学分为两种,一是廊庙文学,说的是朝廷之事,也就是可以帮到"主人"的忙的文学;另一是山林文学,也就是不在"主人"身边,无忙可帮,只能帮闲的文学,所以是"身在山林,而心存魏阙"。鲁迅又说:"如果既不能帮忙,又不能帮闲,那么,心里就甚是悲哀了。"这句话便一针见血说出鲁迅自己的处境呀!

# 天地,一指也;万物,一马也

## 名句的诞生

以指喻指之非指,不若以非指喻指之非指也¹,以马喻马之非马,不若以非马喻马之非马。天地,一指²也;万物,一马也。

——齐物论

## 完全读懂名句

1. 以指喻指之非指:章炳麟曰:"'指'、'马'之义,乃破公孙龙之说。公孙龙有《指物篇》云'物莫非指,而指非指',上'指'谓所指者,即境;下'指'谓能指者,即识。"而钱穆则认为公孙龙在庄子之后,此不当以公孙龙为说。可能是庄子针对当时所讨论的议题,提出评论。2. 一指:一般概念。天地一指,天地虽大,但都是有共性的"一指";万物虽殊但都是有共性的"一马"。

方生方死，方死方生

用手指来比喻某一手指不是手指，不如拿不是手指的东西来说明某一手指不是手指；拿马来比喻某一匹马不是马，不如用不是马的东西来说明某匹马不是马。天地虽大，和手指一个样；万物虽多，也和马是一个样。

## 名句的故事

春秋战国时代，在政治上周朝的政治实力日益衰微，在思想上却是个百花齐鸣的时代，诸子百家各学派，对当时纷乱的时局，提出自己的见解。其中，名家有两位代表人物，一位是惠施，是庄子的好朋友，常与庄子辩论，意见常常是针锋相对，互不相让；另一位是公孙龙。

有一次公孙龙骑马要过一个关隘，被守关的人员阻止，守关人员说："马不可以过关。"公孙龙回答说："我的白马非马。"他解释说马是指形体，而白是指马的颜色。形体的东西与颜色是不同的。如果我们向人要了一匹马，那么对方可能送来黄马或黑马、棕马都可以。要是我们要了一匹白马，又特别强调颜色，如果送来黑马，因为颜色不对，那也不是我们要的，只有白马才是正确的。所以你说"马不可以过关"，但是我的"白马非马"。说完，就径自过关去了。

名家的学者，喜欢在"同中求异"，即在相同的事物上，特别挑出它的相异点。庄子则主张应该放弃这些争论，所谓的"一指"、"一马"，意指同一的概念，是针对杂多的概念而发的。杂多的概念是人为设定的。天地万物本来无所谓"此"、"彼",亦无所谓"美"、"丑",这些纷杂的概念都是人为附加给事物的,附加上去反而有被分裂的感觉。

## 历久弥新说名句

佛教的经典,《指月录》就明示了"指"与"月"的譬喻关系。《楞严经》中说:"如人以手指月示人,彼人因指当应看月。若复观指以为月体,此人岂唯亡失月轮,亦亡其指。"就像有人用手指头指着月亮告诉我们月亮在哪里,我们应该是通过他的手指头去看到月亮。但如果我们只注意那个手指头,一看再看,还把手指头当成月亮,那么问题就大了。

《指月录》其实是在说明"譬喻"和"真实"的差别。"指"的只是一种譬喻,为了指出真实的所在,但是如果拘泥于譬喻,则看不到真实了。就像十字路口的红绿灯,是用来指挥车辆的工具,红灯代表停止,绿灯代表前进,所以,红灯或绿灯的意义,只是譬喻的一种工具,其最终目的在于指示车辆停止或前进。

# 以天地为大炉，以造化为大冶

## 名句的诞生

今以天地为大炉[1]，以造化为大冶[2]，恶乎往而不可哉？成然寐[3]，蘧[4]然觉。

——大宗师

## 完全读懂名句

1. 大炉：大炉子。2. 冶：指炼铁的工匠。3. 成然：安闲。寐：睡觉，引申为死亡。4. 蘧：音qú，惊喜自得的样子。

现在把天地看做化铁的大炉子，把造物者看做是大铁匠，我死后，何往而不可呢？死生原像梦境一般，死时安闲似地入睡，生时像从睡梦中惊醒一般。

## 名句的故事

庄子把造物者比喻成一位大铁匠,万物都是被打成形的各种铁器,而天地好比一个大冶炉。这位大铁匠,随便拿一块铁要打成什么,就形成什么,他的冶造纯属偶然,铁块既没有眼睛,也不会说话,不能和他互通己见,一切听其自然,不能向他有任何要求。如果铁块突然能说话,提出要求,大铁匠岂不惊讶以为不祥。所以既被造成形之后,一切应该顺其自然,不敢有怨尤,否则将更为痛苦。

庄子不承认死生的分别,是基于他对万物一体的观念,他认为万物的发展,或成为物,或成为人,是没有必然性的,我们出生为人或为物,只是个偶然而已,全由造物者做主,造物者给予我们什么形体都是一样,人与物的不同,只是外表形相的不同,实质上是一体的。

## 历久弥新说名句

"以天地为大炉,以造化为大冶"的对句,在句中的"天地"、"大炉"、"造化"、"大冶",四个词都互相对应,都有变化万物、生出万物的意涵。

《乐府诗集》有一首《笑歌行》,据传为李白所作。其中有句"洪炉不铸囊中锥"。在此的"洪炉"即是指熔炼人才的洪炉。

铸,熔炼金属以成器。"囊中锥",比喻有才能而未展露的人。诗文是说,人的穷困通达都有一定的时运,如果时机未到,社会的洪炉也不会铸造像囊中锥这般脱颖而出的人。

"囊中锥",即"锥处囊中",是引用《史记·平原君列传》中毛遂自荐的故事。意思是说一个能干的人在世上,就像将锐利的锥放在袋中,锥的尖端会破袋而出,比喻有才智的人不会被长久埋没,很快就会显露头角。

庄子认为造化万物的是天地是洪炉,并没有一个具体的对象。而在西方基督教圣经世界,则认为万物的起源,是来自于上帝的创造。

在梵蒂冈的西斯汀教堂天花板上,有一幅文艺复兴时期米开朗基罗所画的壁画,其中有一幅画,画着一位满脸须发、看起来慈祥而威严的老者,从半空中伸出他的右手,一位青年男子斜躺在地面上,满脸流露着希望的目光,他那左臂轻轻地靠在曲起的左腿膝盖上,微微抬起他的手臂。老者的指尖快要接触到青年男子的指尖,这两个指尖之间只差分毫,似乎在传授某种讯息,青年男子全神贯注地看着这两只将要接触的手,而这神圣的一触,正好成为画面的焦点。

这幅画的主题为"创造亚当",满脸须发的老者即是上帝,青年男子即是亚当,当上帝与亚当的手若即若离,呈现上帝赋予亚当以生命和力量。

# 庄周梦为胡蝶,栩栩然胡蝶也

## 名句的诞生

昔者庄周梦为胡蝶,栩栩[1]胡蝶也。自喻适志[2]与!不知周也。俄然觉,则蘧蘧然[3]周也。不知周之梦为胡蝶与?胡蝶之梦为周与?周与胡蝶,则必有分矣。此之谓物化[4]。

——齐物论

## 完全读懂名句

1. 栩栩然:飘飘飞舞的样子。2. 自喻适志:自得快乐的意思。3. 蘧蘧然:惊动后清醒的样子。蘧,音 qú。4. 物化:事物的变化。也可引申为事物经过变化后,同化为一。

从前庄周梦见自己变成蝴蝶,为一只飘然飞舞的蝴蝶,自己觉得很快乐!根本不知道有庄周的存在。忽然醒过来,发现自己还是庄周。不知道是庄周梦见自己变成蝴蝶呢?还是蝴蝶梦见自

方生方死，方死方生

已为庄周呢？庄周和蝴蝶一定是各有分别，这就叫做形象的变化。

## 名句的故事

"庄周梦蝶"是历来人们欲了解庄子思想的一则入门经典。庄周，即是庄子，他在一场睡梦中化身为一只翩翩蝴蝶，快乐逍遥地飞舞，浑然不知谁是庄周；等到忽然醒来，才发觉自己依然是躺在床上才大梦初醒的庄周，令庄子不禁省思蝴蝶与庄周两者之间的微妙关系。

对梦中那只快乐自在的蝴蝶来说，它完全不知自己是庄周所化，还认真地扮演蝴蝶的角色。反之，庄周自以为是现实的人生，会不会也是蝴蝶的一场梦境而已呢？"庄周梦蝶"一语也可用来比喻人生的变幻无常。

就个体而言，庄周是庄周，蝴蝶是蝴蝶，两者不可能同为一物。但蝴蝶若是庄周所化，庄周也可以是蝴蝶所化，彼此幻化而生，便是庄子所言的"物化"。人如果能藉由物、我之间的变化，再进一步探索人的生死变化，对于生命的长短或名利的企求，将不再有所执著！

## 历久弥新说名句

后代文人在读了"庄周梦蝶"的故事后，都会兴起对人生变化无常的启发。

晚唐诗人李商隐,其七言律诗《锦瑟》前四句为:"锦瑟无端五十弦,一弦一柱思华年。庄生晓梦迷蝴蝶,望帝春心托杜鹃。"此诗已成了分手情人缅怀过去美好时光的经典佳作。"庄周梦蝶"到了李商隐的笔下,完全失去庄子化解人世痛苦的本意,诗人感叹浮生若梦,进而体会生命的惆然悲凉,态度显然比起前人消极悲观许多!

而元曲大家马致远,在《双调·夜行船·秋思》开头写着:"百岁光阴一梦蝶。重回首往事堪嗟。今日春来,明朝花谢。急罚盏夜阑灯灭。"作者早年怀才不遇,在仕途上蹉跎了大半岁月,晚年归隐山林,过着闲适自在的生活。当他看尽人世争名夺利的纷扰,对生命也有更深一层的体悟,有感人生不过百年,却恍如梦境一场,还不如趁着夜深、油灯未灭、生命犹存的当下,及时饮酒来得痛快些!

唐人李公佐的传奇小说《南柯太守传》,叙述一个名叫淳于棼的人,因为喝醉倒在树旁呼呼大睡,梦见自己成了"大槐国"的驸马,并被任命"南柯太守"享受无比尊荣,其后又历经公主去世、官职被夺,变得一无所有,淳于棼在潸然泪流中大梦初醒,才发现自己躺在一棵"大槐树"下。故后人常以"南柯一梦"比喻人生富贵如梦幻般的无常,与"庄周梦蝶"中的"梦"有异曲同工之妙!

# 望之似木鸡矣,其德全矣

## 名句的诞生

鸡虽有鸣者,已无变矣,望之似木鸡[1]矣,其德全矣,异鸡无敢应者,反走矣。

——达生

## 完全读懂名句

1. 木鸡:用木制作的鸡。

鸡虽然有时还会啼叫,但是已经没有反应,看起来就像木头做的鸡一样,它已经具备战斗的性格,其他的鸡都不敢随便挑战,反而躲得远远的。

## 名句的故事

我们常常听到"呆若木鸡",即是出自于这句名言,而其实这只"木鸡"并不呆。

《达生》篇的这个故事是记载春秋时代流行的一种娱乐活动："斗鸡"。齐王本身对于这个活动也相当热衷。他为了赢得比赛，还特地聘请当时培养斗鸡的高手纪渻子，到王宫来训练斗鸡。

训练期过了的第十天，齐王问说："斗鸡可以上场了吗？"纪渻子回答说："还没，因为这只鸡'虚憍而恃气'。""虚憍而恃气"的意思是，空无实力却态度骄傲，以为可以仗势凌人。因此，齐王只好忍到另一个十天后，再开口问，纪渻子还是回答："不行，这只鸡听到声音、看到影子，就冲动起来。"后人则用成语"虚憍恃气"比喻一个人内在学养不足而骄矜自满的样子。

过了第三个十天也就是一个月后，齐王心想这下应该好了吧，没想到纪渻子居然摇头说："没办法，这只鸡还是喜欢快速环视左右、盛气凌人。"直到第四个十天后，纪渻子向齐王禀报："差不多了。"因为这只鸡已经"望之似木鸡矣"。

一只优良的斗鸡必须对其他叫嚣者气定神闲、不动如山，杜绝敌视的心态，反倒能超脱竞争，达到场上无对手的局面。成语"木鸡养到"即是形容一个人学养深厚或是功夫已到达炉火纯青的地步。或是用"呆若木鸡"比喻精神内敛，修养到家。所以"木鸡"并不呆，是我们后来把"呆若木鸡"的意义演变成形容愚笨或是受到惊吓而发愣的样子。

方生方死，方死方生

## 历久弥新说名句

  中国的斗鸡民俗可以追溯到夏朝，甚至曾引发过战争。根据《史记·周鲁公世家》记载，季孙氏家的季平子与鲁国另一个贵族郈昭伯，常常一起斗鸡。郈昭伯家的斗鸡几乎每次都输，而且眼睛都会被抓伤。郈昭伯发现，原来季平子家的鸡在爪子上装了锋利的小钩子，于是便如法炮制。接着反过来变成季孙家的斗鸡常被抓伤，季平子发现对方也用同样的把戏。因此，两家人之间的矛盾与敌意，越来越明显。

  由于季孙氏在鲁国横霸已久，季平子便要求郈昭伯让步，郈昭伯当然不肯。于是季平子便攻打郈昭伯，并占领他的封地。引起这样的内讧，鲁昭王不得不出面为这件事情做主。鲁昭王一心想乘机打败强横的季孙氏，当然支持郈昭伯，于是派兵攻打季孙家。所谓"鲁国三桓"，如果季孙氏倒了，孟孙氏、叔孙氏也可能垮台，因此有危机意识的孟孙家、叔孙家，也杀死郈昭伯，出兵拯救季平子，强大的兵力甚至迫使鲁昭公逃亡到齐国。整个战争只有一天，"斗鸡"就是这个历史故事的引爆点，还真是令人玩味啊！

# 自其异者视之,肝胆楚越也;
# 自其同者视之,万物皆一也

## 名句的诞生

自其异者视之,肝胆楚越[1]也;自其同者视之,万物皆一也。

——德充符

## 完全读懂名句

1. 肝胆楚越:意指肝胆看起来相近,却又好像楚越两国一样遥远。

若从事物相异的一面去看,在同一身体内的肝与胆,也好像楚国与越国那样遥远;若从事物相同的一面看,万物都是一体的。

方生方死，方死方生

## 名句的故事

庄子以儒家代表人物孔子与鲁国贤人常季之名，虚构出两人的一番对话。文中常季向孔子请教，问道鲁国有个名叫王骀的人，尽管被砍去了一只脚，为何还有人愿意入王骀的门下？常季从来不见王骀站着有任何教诲，坐着也从不议论，为何人们可以空虚前往，却又充实而归？这些问题都让常季感到相当不解。

孔子听了之后，向常季推崇王骀为"圣人"，孔子认为王骀虽是一个"形不全"的残障者，但是他的心却完全不受外在形体影响，不随万物迁移，洞悉万物变化，而能守住自己的根本，达到"德全"的境界。

一般人习惯看事物的"相异"面，即使在同一身体距离相近的肝胆，也会以为相隔如楚越两国的遥远。但王骀和一般人不同的是，他只看事物的"相同"面，故能体悟"万物皆一"的真理，对他而言，失去了一只脚，就好像掉在地上的一把泥土。庄子意在表明，万物本无差别，全是"人心"看待的差别罢了！

## 历久弥新说名句

观察万物"异"和"同"的变化，最经典的莫过于北宋大家苏轼《前赤壁赋》："盖将自其变者而观之，则天地曾不能以一瞬；自其不变者而观之，则物与我皆无尽也。"苏轼与朋友泛舟游赏赤壁，一群人迎着江风，在船上饮酒作乐，心情仿佛神仙般的快乐，忽然有人以洞箫吹奏哀怨曲音，一问之下，才知道这位吹箫的朋友，一方面感伤人生的短暂，一方面又羡慕长江的无穷，明知无法追随天上的飞仙与明月，只好寄情于悲凉的箫声之中。

苏轼认为若就个体变化的层面来看，天地何曾在一瞬间没有变化？但就其整体不变的层面来看，万物和人都是无穷无尽的啊！从物体的相异处，看待逝去的流水，水自是一去不复返；可是从物体的相同处看，潺潺流水从来不曾离开，总是源远流长地存在着。苏轼意在宽慰对方"物我"之无穷，人实在不必平添烦忧，自寻苦恼！

南宋爱国词人辛弃疾，年轻时骁勇善战，曾是南宋初期的沙场战神。但后来朝廷逐渐倾向偏居南方，并与金人南北共存，使得辛弃疾因而惨遭朝廷"闲置"20年之久。

但从辛弃疾其词《沁园春·和吴尉子似》云："怅平生肝胆，都成楚越。"这是晚年写给他的好友江西铅山县尉吴绍古（字子似），可见辛弃疾渴望报效国家的心从没有改变。最令他惆怅的是，空怀一身肝胆热血，早已被隔离成楚越两国般地遥远。不过，永远浇不息他满腔沸腾的报国忠诚！

# 不知其不胜任也,是其才之美者也

## 名句的诞生

形就而入,且为颠为灭,为崩为蹶[1]。心和而出,且为声为名,为妖为孽。彼且为婴儿,亦与之为婴儿;彼且为无町畦[2],亦与之为无町畦;彼且为无崖,亦与之为无崖。达之,入于无疵。汝不知夫螳螂乎?怒其臂以当车辙,不知其不胜任也,是其才之美者也。戒之!慎之!积伐[3]而美者以犯之,几矣。

——人间世

## 完全读懂名句

1. 蹶:跌倒。2. 町畦:田间垄起之小路,方便行走。3. 积伐:积累夸耀。

外貌亲附太深,将有着颠败毁灭的疑虑。内心劝诱太过,对方会以为你是为了夺取名声,招来祸害。他如果像婴儿般天真无邪,你也姑且待之以婴儿;他如果没有界线之分,你也同样不分界线;他如果不受拘束,你也姑且随他不受拘束。这样引导他逐渐走向无所过失的正途之上。你难道不知道螳螂吗?他奋力举起长长的臂膀想要阻挡车轮,他不知道自己的力量不能胜任,这正是将自己的才能看得太高。要小心谨慎呀!你若多夸耀表现自己的优点去触犯在上者,那可就危险了。

## 名句的故事

　　本篇是在说春秋初期卫灵公太子蒯聩的故事。蒯聩是春秋时期著名的暴君,为人凶残嗜虐,他虽贵为太子,却不安于位,与大臣南子斗争抗衡。蒯聩不幸溃败,被赶出卫国。后来卫灵公去世,南子于是立蒯聩的儿子辄继位。蒯聩得知消息后,率领大军攻回卫国,将儿子驱逐下台,自己登基为统治者。蒯聩还只是个太子,尚未与南子展开斗争,但敏锐的颜阖已经察觉到蒯聩凶暴无仁的一面。

　　颜阖是鲁国人,位于卫国的旁边,一旦他顺从蒯聩本性,则鲁国将有灭国之虞,若是他努力将蒯聩导之良善大道,势必常忤逆蒯聩,颜阖又担心自己身家安全,于是特地请教蘧伯玉。蘧伯玉顺其理路,建议颜阖随机应变来自保,端正己身,只要能把持住自己,即使现实中需要稍微奉迎屈委,也仅止于外在行为,"形莫若就,心莫若和",再将对方渐渐导向善途。

　　蘧伯玉为了避免颜阖走错路,还不断援引例子来说明。不论

方生方死，方死方生

对方是婴儿般的无知，或无理至极，颜阖都必须随其变化角色，切莫像螳臂当车，自不量力。蘧伯玉此处撷引的典故来自齐庄公的故事。《淮南子·人间训》记载齐庄公在一次出外打猎时，坐在马车上的他突然看到前方凹洞中有一只屈起的虫子。他于是询问前方的马夫："此何虫也？"马夫答道："此螳螂也。其为虫，知进而不知退，不量力而轻就敌。"齐庄公听了之后不禁感慨万千，叹道："此为人而必为天下勇武矣"，于是要车夫避开螳螂绕道而行。蘧伯玉此处引用螳臂当车的故事，就是要警告颜阖莫要当那只空有勇气却不知量力而为的螳螂，做人切莫"不知其不胜任也，是其才之美者也"，清楚知道自己能力所止、言行进退方能自保。

## 历久弥新说名句

"螳臂当车"的典故，虽非直接源自《庄子·人间世》，却是现存所见较早的版本，且为人所熟知。螳臂当车一词，当有"挡"的意思，因此也作"螳臂挡车"，或引申为"螳螂扼辙"、"螳臂当辙"，扼有抑止之意，辙即是车轮，故其含义仍同于"螳臂挡车"。"螳臂当车"的故事也带出另一个典故，后世往往也以"庄公轮"，来比喻不可抗拒的事物、力量。李白在尚未出名、积极求取仕宦之时，曾向李长史干谒求官。他于《上安州李长史书》言："亦何异抗庄公之轮，怒螳螂之臂"。信中将自己比喻为伸出手臂想挡车的螳螂，却难以抗拒庄公（大环境）的力量。

明代著名的小说《镜花缘》，作者李汝珍将主时代设定在中国历史上最独一无二的女王朝——"武则天"时期。这个时代设定其实蕴含深意，作者希望藉由独特、违反常理的例子来颠覆一般人固执坚守的传统理念。因此主角唐敖怀才不遇、科举考试失利，于是搭上了妻弟林之洋的海船游历海外，经历了数十个国家。唐敖与友人多九公都相当自负于自己的学问，一次来到异地巧遇两位才女，故意出题刁难对方，不料反被考倒。两个大男人被问得支支吾吾、节节后退，博览广读的才女丝毫不退让，讽刺他们："腹中虽离渊博尚远，那目空一切、旁若无人光景，却处处摆在脸上，可谓螳臂当车，自不量力！"说得他们脸上无光，青红不定，最后只好夹着尾巴遁逃。李汝珍这几句话几乎道尽当时儒士不可一世的丑态与不知人外有人的愚昧。

# 夫迹,履之所出,而迹岂履哉

## 名句的诞生

孔子谓老聃曰:"丘治《诗》、《书》、《礼》、《乐》、《易》、《春秋》六经,自以为久矣,孰知其故矣;以奸[1]者七十二君,论先王之道而明周、召之迹,一君无所钩[2]用。甚矣夫!人之难说也,道之难明邪?"

老子曰:"幸矣!子之不遇治世之君也!夫六经,先王之陈也,岂其所以哉!今子之所言,犹也。夫,履之所出,而岂履哉!"

——天运

## 完全读懂名句

1. 奸:通"干"字。求见。2. 钩:取也。

孔子对老聃说:"我研究诗、书、礼、乐、易、春秋六经,自以为已经很久，也熟悉其中的内容了。我拿这些学问晋见七十二位国君，谈论先王的道理，阐明周公、召公的事迹，一个国君也没有采纳我。真是太难了！是这些国君难以劝说，还是大道难以发扬呢？"

老子说："这是幸运与否吧！你没有遇到治世的国君啊！所谓六经，是先王的陈旧足迹，哪里是先王的真性根源呢？现在你所说的话，犹如也是陈旧的足迹。所谓足迹，是鞋子踩出来的，然而足迹岂能等同是鞋子吗？"

## 名句的故事

庄子借孔子向老子请教之语，主在阐述先王留下的六经著述为"迹"，仅可视为先王生前言行的档案记录；而先王真性才是"履"，亦即心性的本源。春秋时期，孔子周游列国，宗法先王的圣言懿德，四处宣扬仁义之道，却始终得不到各诸侯国的认同，不禁充满疑惑地前来向老子请益。老子听完孔子的困惑，以"迹"和"履"作为譬喻，直指人们习于将陈旧的足迹看成是真实的鞋子，以致忽略了什么才是真实境界，点出了孔子迷思之所在。

老子和孔子乃道家和儒家两大代表人物，孔子提倡仁义，老子主张顺应自然；庄子承袭老子的思想脉络，故认为儒家一切的有所作为，实是违反自然常理。孔子一生疾呼仁义忠恕，视六经为生命瑰宝，但政治上却不断地遭遇挫败，庄子藉由此事提醒人

方生方死，方死方生

们，所谓圣人的"经典"，只是过去事迹的实录文字，人唯有回归真实世界，并依循万物本来的天赋去走，与自然造化为友，方能探求生命自性的本源。

## 历久弥新说名句

《庄子·天运》的"迹"，指的是圣贤先王遗留下的事物或功业。相传夏禹在治水时，其足迹踏遍了整个中国，后人以"禹迹"作为中国的代称，如《左传·襄公四年》写有："芒芒禹迹，画为九州。"意谓中国土地辽阔广大，必须分为九州，便于君王管理。

东晋诗人陶渊明，其五言古诗《赠羊长史诗》中云："圣贤留余迹，事事在中都。"诗题中的羊长史，名松龄，为陶渊明的好友。东晋安帝义熙十三年（公元417年），刘裕打败后秦（五胡十六国中的一国），俘虏后主姚泓；羊松龄奉命出使关中（今属陕西），目的是向北伐胜利的刘裕祝贺。当羊松龄路经江西浔阳时，特来邀请陶渊明与其一同北上。陶渊明则以生病为由，婉拒羊松龄的盛情邀约，并写了这首诗相赠。

关中乃古文明发源地之一，诗中陶渊明表达自身对关中圣贤陈迹的向往，他希望羊松龄沿途能稍作停留，仔细观览圣贤的过往足迹，也算是替自己了却无法亲眼目睹的遗憾。事实上，此时陶渊明早已罢官多年，过着归隐田园的生活，他之所以叮咛好友经过圣贤余迹要停下脚步，意在暗示羊松龄记取圣贤生前行止，切莫成为自私政客利用的工具。果不出其然，刘裕在晋恭帝元熙二年（公元420年）逼恭帝禅位，建立南朝宋，东晋王朝最后正是亡在刘裕的手上。

北宋神宗熙宁四年（公元1071年），苏轼为了陈述宰相王安石新法的弊害，写了一篇《上皇帝书》上呈神宗，其中一段为："智者所图，贵于无。汉之文、景，纪无可书之事；唐之房、杜，传无可载之功。而天下之言治者与文、景，言贤者与房、杜。盖事已立而不见，功已成而人不知。"文中苏轼援引汉朝"文景之治"，以及唐太宗的名臣房玄龄、杜如晦为例，他认为汉、唐在这两段时期，虽无重大事迹予人记载，但要天下人推举治国明君，谁不称许汉文帝与其子景帝！若要天下人推举皇帝身边的贤臣，谁不赞扬唐人房玄龄与杜如晦呢！苏轼呼吁神宗皇帝以汉、唐两朝为镜，效法先贤智者不着痕迹却能达到事立功成的目的，千万不要轻易实施扰乱人民安定的新法。

以天地为棺椁,
以日月为连璧

# 天下之水,莫大于海

## 名句的诞生

天下之水,莫¹大于海,万川归之,不知何时止而不盈;尾闾²泄³之,不知何时已⁴而不虚⁵。

——秋水

## 完全读懂名句

1. 莫:无指代词,这里代事物,相当于"没有什么"。2. 尾闾:水从海外出的地方。3. 泄:泄漏。4. 已:止。5. 虚:空虚,指海水枯竭。

天下的水,没有比海更大的了,无数的河流不止歇地将水注进,不知道何时停止,可是海并不盈满;尾闾不止歇将水泄漏出去,不知道何时停止,可是海水并不因此空虚。

## 名句的故事

秋水,就是秋天的雨水。庄子的文章,摘取篇章的几个文字作为标题,但标题与实际内容并不一定有意义的关联。《诗经·秦风·蒹葭》也出现"秋水伊人"一词,指的是面对景物所思念的人,不一定是女性,但之后多半解读为女性。于是秋水就和女子的印象产生了联结,金庸武侠小说笔下的女子叫李秋水,应该是取自庄子一书。《秋水》篇一开始便提到,当秋天来的时候,水势涨大,当时有个河神,以为天下的好处,全被他一人占尽。但是当他顺着水流到了大海时,才见识到海面的宽阔浩瀚、广大无边。接着,庄子借着河伯与北海神的对谈,说明最大和最精的不限于形迹,大小、贵贱、是非和功用都不是绝对,都是变动不定的;所以要没有作为顺着自然的变化,回复天真的本性。

## 历久弥新说名句

历史上很多的思想家哲学家,观察天地宇宙之间,体会到这多彩多姿的自然万物的各种行为模式,总会触发人类某些灵感而得到某些启示。

孔子站在堤防边看着滔滔不绝的河水,说:"逝者如斯夫,不舍昼夜。"(《论语·子罕篇》)意思是说这消逝的时光就如同这河水,日夜不停地流去。孔子感叹这光阴的奔驰,一去不复返。

而老子看到了水,则想到了"不争主义"。他说:"江海之所以下百川者,以其能下。"(《老子·第六十六章》)意思说这大海之所以能够吸纳上百条江河的水流,是因为它能处在低位。

《老子·第八章》又说:"上善若水,水善利万物而不争,处众人之所恶,故几于道。居善地,心善渊,与善仁,言善信,正善治,事善能,动善时。夫唯不争,故无尤。"意思是说最好的善行就像水的特性一样,水对万物都有好处却不争自己的功劳,居处在众人所不愿居处的低下之地,所以近于"道"。安于应处的地位,内心像深渊一样清静,以友善之心与人交往,说话言而有信,按自然法则处理事务,做力所能及的事情,善于把握行动的时机。正因为不强求结果,才不会招致怨恨。

宋朝的王安石《老子注》解释说:"水的特性对万物都有好处,万物都因为有水才能够生存。但是水的性质是至柔至弱,所以说它'不争'。众人喜欢高而厌恶低下,而水正处在众人之所厌恶的低下。"

# 自细视大者不尽,自大视细者不明

## 名句的诞生

北海若曰:"夫自细视大者不尽,自大视细者不明。夫精,小之微也,垺¹,大之殷也,故异便²,此势³之有也。夫精粗者,期于有形者也;无形者,数之所不能分⁴也;不可围者,数之所不能穷也。可以言论者,物之粗也;可以意致者,物之精;言之所不能论,意之所不能察致者,不期精粗焉。"

——秋水

## 完全读懂名句

1. 垺,大之殷也:殷,大也。垺,特大之意。2. 异便:指对其差异进行辨别。3. 势:形势。4. 数之所不能分:不能用数字计量划分。

北海神道:"从小的角度去观察巨大的事物,看不到全貌;

由极大的角度去看微小的事物，总看不清楚。精，是小中更小的，垺，是大中更大的。所以有不同的区别。这也是势所必有的。精、粗这种说法，仅限于有形的事物；小到无形的事物，那是数量不能再估计了；大到没法围绕的事物，那是数量也不能穷尽的了。可以言传的，是事物当中的粗大的；可以意会的，是事物当中的细小的，言不能传、意不能会的，那就不限于精微和巨大了。"

## 名句的故事

《秋水》当中，庄子借着河伯与北海神一问一答的对话当中，不断强调"相对性"的概念。

河神道："世俗所议论的都说：'极端微小的，没有形体可求；极端巨大的，没有范围可定。'"北海神对河伯说："从大道来看，万物没有什么贵贱的分别，若从事物本身的观点来看，便认为自己尊贵而看不起别人。从世俗的观点来看，事物的贵贱不在于自身。从物与物的差别来看，如果只就自己所认为大的方面就以为它是大，那万物就没有什么不是大的了，如果只就自己所认为小的方面就以为它是小，那万物就没有什么不是小的了。要是知道天地也可以是最小的稊米、秋天的细微毛发也可以是丘山的道理，那么物与物相差的数量就可以看得清楚了。"

所以，最大和最精小的不限于形迹，大小、贵贱、是非，和功用也都不是绝对，都是可以改变而没有一定的；所以不要以人事毁灭天然,不要以造作损伤性命,顺着自然的变化,回复天真的本性。

## 历久弥新说名句

"自细视大者不尽,自大视细者不明"意似"管中窥豹"。"管中窥豹"出自《晋书·王羲之传》,原文是"管中窥豹,时见一斑",意思是从一根木管的洞口看出去,仅能看到豹子的一个斑纹,无法尽得全貌。有时亦做"以管窥豹"。类似的成语有"以蠡测海"。蠡(离),是用瓠(户)瓜制成的瓢,古人用来舀水的器皿,以蠡测海水,比喻见识狭小,而不切合实际。两个成语有时又合起来称为"管窥蠡测",用来比喻人的见识浅陋狭窄。

在18世纪末19世纪初有一个英国诗人威廉·布雷克(William Blake),他有个名句:"一粒沙见一世界,一花一天堂。"意思是由小可以见大,见微知著。大意是说:"从一粒沙可以看出一个世界,一朵野花有一个天堂,把无限放在你的手掌上,永恒在一刹那里收藏。"

# 以天地为棺椁,以日月为连璧

## 名句的诞生

庄子将死,弟子欲厚葬之。庄子曰:"吾以天地为棺椁,以日月为连璧[1],星辰为珠玑[2],万物为赍送[3]。吾葬具岂不备[4]邪?何以加此!"

——列御寇

## 完全读懂名句

1. 连璧:并列的美玉。2. 珠玑:珍珠、宝玉。3. 赍送:陪葬品。4. 备:完备。

庄子临终之际,弟子们想要厚葬他。庄子说:"我以天地做棺木,以天上日月做装饰美玉,把夜空闪烁的星星当做珠宝,把万物当做我的陪葬品。我的殉葬物哪会不够呢?还有什么比这个更好!"

## 名句的故事

今本《庄子》主要可分为内、外、杂篇三种,内篇体例、思想都较为完整,外、杂两篇则较为混乱疏散。因此过去多主张内篇乃庄子本人所写,外、杂两篇则是后人所编撰。

庄子在即将去世的时候,听到学生们对他葬仪的想法,连忙阻止且给弟子们上了最后一堂课。庄子认为人赤裸裸地来,也当赤裸裸地离开,以天地万物为棺椁、日月星辰为伴,是最大的享受。但孝敬的弟子们听到老师如此洒脱,还是颇感不安,于是提醒庄子:"我们害怕您的肉体会被乌鸦老鹰吃了!"庄子巧妙地回答:"在上为乌鸢食,在下为蝼蚁食,夺彼与此,何其偏也!"(露天让乌鸦老鹰吃,埋在土里也是给蚂蚁吃,你们从乌鸦老鹰的嘴里夺下要给蚂蚁,为什么这样偏心呢?)庄子这番话让人省思,当时种种的厚葬习俗,也只不过是添加华丽外物,人体终究还是会被食物链中的分解者给收拾,那给天上秃鹫吃或是地上蝼蚁食又有何差别呢?

## 历久弥新说名句

庄子对于死亡的态度十分洒脱,相对于儒家谆谆守礼而言,差异颇大。庄子妻子过世时,身为丈夫的他行为也是非常特别。《庄子·至乐》载:"庄子妻死,惠子往吊之,庄子则方箕踞鼓盆而歌。"惠子看了也不禁摇头为庄妻大抱不平,言:"她好歹也跟你一起居住，为你生儿育女，现在老了病死，你不哭也就算了，居然还敲打歌唱的，会不会太过分了？"庄子回答："哪有，你误会我了，刚开始我也是很难过的。但是再想一想，人最初也并无生命、无形体，更无精气。是在偶然机运下，有了气、形与体而有生。往生也只是回归到原始，就好像春夏秋冬四季运转一样，有其规律。"接着又道："她就这么静静地安息归化于天地，一旁的我却吵闹着哭哭啼啼，根本不像话，所以我才停止哭泣。"

曾子在一次吊唁贤人鲁黔娄丧时，上堂拜唁后，看到先生的尸体就放在窗户边，头枕着土砖，身下放着草席，穿着简陋的衣服，盖着粗布的被子。由于被子不够长，头和脚不能全覆盖住，盖住头就遮不了脚，遮住脚头就露出来。曾子于是说："邪引其被则敛矣。"斜着盖就可以全部盖住。但是黔娄妻反驳："邪而有余，不如正而不足也。先生以不邪之故，能至于此。生而不邪，死而邪之，非先生意也。"意思是说，与其要斜着盖，还不如正盖，不能覆盖的就算了。我丈夫之所以能够如此高洁，就是因为他一生行事不邪。他活着的时候都正而不邪，死后反邪，非他本意也。

# 夜半有力者负之而走

## 名句的诞生

夫藏舟于壑,藏山于泽,谓之固矣!然而夜半有力者¹负之而走,昧²者不知也!藏小大有宜,犹有所遁³。若夫藏天下于天下而不得所遯,是恒物之大情也。

——大宗师

## 完全读懂名句

1. 有力者:大力士。比喻造化的力量。2. 昧:此指愚昧、糊涂的人。3. 遁:音 dùn,逃跑、遗失。

把小船藏在山谷里,把山藏在深泽里,可以说是很牢靠了!然而半夜有个大力士把它们背走,糊涂的人还不知道呢!即使将小物与大物藏在得宜的地方,还是会遗失。如果把天下藏在天下里,使它无从遗失,才是万物亘古不变的真实情况!

以天地为棺椁,以日月为连璧

## 名句的故事

庄子借藏舟、藏山、夜半突然出现一神秘的"有力者"背负而走,暗喻人的生命,在无形造化的力量下,不知不觉地变化着,让人无所遁逃。日后也衍生"藏舟难固"一语,比喻生死不由人,一切世事皆难以预料。

庄子认为人"偶然"得到了形躯,即把这具形躯视为"自我",因而陷入形躯的感受里,努力想把属于自己的"东西"留住,但不管费尽多少心机,任谁也无法抵抗自然造化的力量!不过,人若能转换角度,从宇宙看待整体万物,历来无以算计的"人",又何曾在人间有穷尽之时?

于是庄子提出"藏天下于天下而不得所遁"一说,意即当人将自身视为天下的一分子,舍弃对于"自我"的执著,摆脱"死生"的念头,体察天地的自然变化,以及万物常存的道理,就不会再为了"藏物"又要烦恼此"物"终将离开自己而痛苦!

## 历久弥新说名句

后世文人也时常借引庄子"夜半有力者负之而走"的文思妙语。北宋文人苏轼诗作《寒食雨》写道:"自我来黄州,已过三寒食。年年欲惜春,春去不容惜。今年又苦雨,两月秋萧瑟。卧闻海棠花,泥污燕脂雪。暗中偷负去,夜半真有力。何殊病少年，病起头已白。"这是苏轼贬官黄州第三年所写的诗。眼见黄州又如往年春天一样，连续下了两个月的春雨，天气犹如秋天般萧瑟，海棠花惨遭连绵春雨打落，花上沾满一片污泥。不禁想问：这些理应在春季盛开的海棠花，为何失去它原本的芬芳？难道在夜半被"有力者"给偷偷背负而去吗？这就好像生了病的少年，经过一场大病起来，猛然发现自己竟成了白发苍苍的老人！此乃47岁的苏轼看到海棠花任由风雨摧残，不免涌上一阵自伤，感叹人生际遇也无异于海棠花多舛的命运，一转眼即凋零败落。

南宋爱国诗人文天祥，有一首《脱京口·绐北难》（绐，音dài）："百计经营夜负舟，仓皇谁趣渡瓜洲。若非绐虏成宵遁，哭死界河天地愁。"其意是说，不幸被元军关在船上，千方百计都要设法逃走，就算把船背走也要离开这里。从前人们横渡瓜洲，是为了要到繁华的扬州享乐，今天自己却像囚犯似地仓皇逃亡，怎么可能有那些乐趣呢？要不是趁着深夜敌人不注意逃离，最后命丧界河上，相信天地也会为自己感到悲愁！文天祥所指夜半负舟的"有力者"，已非庄子的自然造化之力，而是他想用尽办法、拼了命也要逆转时局之意，其过人的胆识与气魄，在此展露无遗。

# 知不可奈何而安之若命

## 名句的诞生

申徒嘉¹曰:"自状其过以不当亡者众,不状其过以不当存者寡。知不可奈何而安之若命,唯有德者能之。游于羿²之彀³中。中央者,中地也;然而不中者,命也。人以其全足笑吾不全足者众矣,我怫然而怒;而适先生之所,则废然而反⁴。不知先生之洗⁵我以善邪?吾与夫子游十九年矣,而未尝知吾兀者⁶也。今子与我游于形骸之内,而子索⁷我于形骸之外,不亦过乎!"子产⁸蹴然⁹改容更貌曰:"子无乃称!"

——德充符

## 完全读懂名句

1. 申徒嘉:人名,被砍去一只脚,为庄子笔下的虚构人物。2. 羿:即后羿,善于射箭。传说尧帝时有十个太阳,后羿射落九日。3. 彀:音 gòu,箭所能及的范围。4. 废然而反:怒气消失,恢复常态。5. 洗：清洗、洗刷。此引申为引导之意。6. 兀者：瘸腿的人。兀，音 wù。7. 索：探求、搜寻。此引申为批评之意。8. 子产：春秋时代郑国的贤大夫。此乃庄子假托子产之名，藉以申述己意。9. 蹴然：恭敬的样子。蹴，音 cù。

申徒嘉说："陈述自己的过错，认为自己不该死的人很多，没有陈述自己的过错，认为自己不该活下来的人很少。知道事情无可奈何，就坦然接受自己的命运，这唯有有德的人才做得到。走进后羿射程的中央，一定会被射中，然而有人没有被射中，这就是命。以自己的双脚俱全，来嘲笑我双脚不全的人实在太多了，听了让我愤怒不已；可是自从来到老师这里，我的怒气全消，不知老师是如何引导我向善的？我追随老师已经 19 年了，他从来不知道我是一个瘸腿的人。今天我与你同在老师的门下修习内在涵养，你却用外在形貌来批评我，不也太过分了吗？"子产听了马上改变脸色，恭敬地对申徒嘉说："请你不要再说了！"

## 名句的故事

庄子的故事中，经常以形貌残缺者仍能保持平常心的状态，藉以凸显一般人对外在形貌的重视，忽略真正的涵养是存于内在，也就是所谓的"德"。唯有"德"充足了，万物自来"符"合，这亦是篇名《德充符》的意旨所在。

在这一则故事里，庄子描写申徒嘉与子产两人，一同拜入一位名叫"伯昏无人"的门下。有一天，当课程结束准备离开时，贵为郑国大夫的子产，不愿和瘸腿的申徒嘉同时离去，申徒嘉才告诉子产，若要天下人陈述自己的罪状，没有人会说自己该死！就算不陈述出来，只在内心想着，觉得自己不该活的也是很少！意味着多数人都会认为自己无过，或是罪不及死。

申徒嘉对于自己的瘸腿，抱持一种"知不可奈何而安之若命"的态度，因为瘸腿是他无能为力改变的事实，如果当初能够选择，谁愿意舍弃自己的腿呢？也就是被砍断腿并非自己所能掌控，事后也无法再生出一条腿来，那倒不如就处之泰然，平心面对这场人生变故。不过，当人们看到申徒嘉身体的残缺，总不免想到：这个人到底犯了什么错，才会惨遭这样的刑辱？还是他前辈子做了什么坏事，因而受到上天的惩罚？

申徒嘉与其老师伯昏无人，都是庄子勾勒出"有德者"的形象，申徒嘉虽然失去了一条腿，却不怨天尤人，坦然接受生命这段不幸的事实。伯昏无人教导申徒嘉长达十九年，竟不曾看见学生的形躯上的残缺，其修持已到达"忘形"之境，还潜移默化引导申徒嘉修养内在，使其不受他人言行的影响，可见伯昏无人是一位"全德之人"。

## 历久弥新说名句

《人间世》中的庄子，藉由孔子之口，论及"命"与"义"乃人之大戒。比如子女爱父母是天生注定的，这是自然之"命"，又如臣子尽心侍奉国家,则是人群之"义",皆是人在天地之间,无所逃避的两大戒律。做人家子女和臣子的,原本就有其不得已之处,父母希望子女做到"孝",君王要求臣子达到"忠",但实际情况又真能让每个人都满意呢?于是庄子提出其化解之道,即是安时顺命、平实以对,也就是德的极致了!

《论语·雍也》中记载:"伯牛有疾,子问之。自牖执其手曰:'亡之,命矣夫!斯人也,而有斯疾也!斯人也,而有斯疾也!'"冉伯牛是孔子的爱徒之一,他身染重病,当孔子前去探望时,不禁感叹像冉伯牛这样好的人,不该有这样的遭遇啊!但面对如此无可奈何的事,孔子也只能归于"命"。

事实上,孔子所言的"命",是受自然、客观限制所决定,并非人力所及,而他坚持的仁义之道,则是每个人应该知道要去做的,属于价值是非的领域,两者并不冲突,也就是人只要尽力去做好自己可以做或该做的事,至于做了之后的成败结果,已不是自己所能掌控的,那就是所谓的"命"了!

# 肌肤若冰雪,淖约若处子

## 名句的诞生

藐[1]姑射之山[2],有神人[3]居焉,肌肤若冰雪,淖约[4]若处子[5];不食五谷[6],吸风饮露;乘云气,御飞龙,而游乎四海之外;其神凝[7],使物不疵疠[8]而年谷熟。

——逍遥游

## 完全读懂名句

1. 藐:遥远。2. 姑射之山:相传为山西临汾县内的九孔山。今引申为神仙居住的山。射,音 yè。3. 神人:神仙。泛指修炼得道的人。4. 淖约:柔美、文静的样子。淖,同"绰"字。5. 处子:未出嫁且仍保有贞操的女子。亦可称处女。6. 五谷:稻、黍、稷、麦、菽五种谷物。泛指各种主要的谷物。7. 神凝:精神专一。8. 疵疠:音 cí lì,疾病与灾疫。

在遥远的姑射山上，有一位神人居住在那里，神人的肌肤有如冰雪般洁白，柔静的样子有如处女；祂不吃五谷，只吸清风、饮甘露；乘着云气，驾驭飞龙，遨游四海之外；祂的精神专一，能使农作物不受病害，年年五谷丰收。

## 名句的故事

庄子藉由肩吾与连叔两位人物的对话，述说肩吾听闻楚国狂人接舆谈论关神人的"神迹"。接舆口中的神人，外表有如静美的未嫁女子，不食五谷，只仰息清风、饮露水而生，还具有乘云驭龙、遨游四海的不凡能力；当神人精神凝定时，能使地面的农作物不受其害，每年都是丰收盛年。

肩吾全然不信接舆的"一派胡言"，转而向连叔陈述接舆此番"夸大不实"的言论。孰知连叔听了肩吾的话后，却深信接舆所言"神人"确有其人其事。连叔认为肩吾因执著于形骸的限制，不能领悟禀受自然妙气的神人，仅需神凝的意念，即足以让万物蓬勃生长。庄子要表达的是，一般人难以化解有形的认知，故无法企及"神凝"之境。对于神人的完美形象与其自在遨游的举止，当然也就觉得是不近人情的浮夸之词！

庄子勾勒出"肌肤若冰雪，淖约若处子"的神人面貌，把居住在仙山里的神人，拟化成一位美丽婉约的少女。有一成语"静如处子，动若脱兔"，用来形容一个人安静时，犹如未出嫁的女子般地柔美文静，但在行动时刻，立刻成了跳脱兔子般地迅速敏捷，亦即动静皆宜之意。其典故出于比庄子年代更早的春秋时期，人称"百世兵家之师"的孙武，在《孙子兵法·九地》有云："始如处女，敌人开户；后如脱兔，敌不及拒。"意指在战斗之前，要像未嫁女子的沉静，诱使敌人松于戒备；等到双方战争开打，则要像脱兔一样敏捷，让敌人措手不及、无法抵抗。

## 历久弥新说名句

《孟子·告子》记载一则"东墙处子"的故事。任国有人问孟子的学生屋庐子说："礼与食哪一样重要？"屋庐子回答："礼重要。"任人又问："娶妻和礼哪一样重要？"屋庐子再答："还是礼重要。"任人最后再问："如果一定要按照礼节，就会饿死；不按照礼节，就可以得到吃的，那还一定要按照礼节吗？如果非要按照迎亲的礼节娶妻，就娶不到妻子；不按照礼节就可以娶到妻子，那还一定要举行迎亲的仪式吗？"

屋庐子被对方问得哑口无言，第二天赶紧跑来找孟子求救。孟子教屋庐子回去反问任人："紾兄之臂而夺之食，则得食；不紾，则不得食，则将紾之乎？踰东家墙而搂其处子，则得妻；不搂，则不得妻，则将搂之乎？"意思是说，扭断兄长的胳膊，夺下他的食物，就可以得到吃的；不扭，就得不到食物，那会去做出扭断胳膊的事吗？爬过东边的墙，搂抱邻家的未婚女子，就可以得到妻子；不搂，就得不到妻子，哪能去做出搂抱的事情来吗？

孟子认为重点在于"比较"基础的高低是否一致。如果坚持依循礼的仪式，就得不到食物与妻子，那不妨变通一下，没有仪式也没有关系，以食物和娶妻为重。但如果为了得到食物与妻子，进而做出伤害他人的事，那就违反人伦常情了！意谓人必须先厘清"礼"的孰轻孰重，才能把握住礼的真正精神。

唐代诗人白居易，在《长恨歌》中写道："忽闻海上有仙山，山在虚无缥缈间。楼阁玲珑五云起，其中绰约多仙子。中有一人字太真，雪肤花貌参差是。"安史之乱时，杨贵妃在马嵬坡被赐死，之后唐玄宗忍不住思念之情，希望透过道士腾云驾雾的法力，为其寻觅贵妃在仙界的魂魄。道士经过上穷碧落下黄泉的努力，终于在一座仙山里，找到许多温柔美丽的仙子，其中有一仙子的字叫太真（杨贵妃出家时的道号），她全身雪白的肌肤、姣好的容貌，和杨贵妃几乎一模一样。

诗中白居易描写杨贵妃的芳魂所在，看来似与《庄子·逍遥游》里神人住的"姑射山"相仿。再对照杨贵妃死后的形貌，也与庄子笔下的神人一样肌肤雪白、风姿绰约，可见庄子对神人的描绘，已成后代文人对美丽仙子的想象模板。

# 螳蜋执翳而搏之,见得而忘其形；
# 异鹊从而利之,见利而忘其真

## 名句的诞生

庄周曰:"此何鸟哉,翼殷[1]不逝[2],目大不?"蹇裳[3]躩步[4],执弹而留之。一蝉,方得美荫而忘其身；螳蜋执翳[5]而搏之,见得而忘其形；异鹊从而利之,见利而忘其真。庄周怵然[6]曰:"噫！物固相累,二类相召也！"捐弹而反走,虞人[7]逐而谇[8]之。

——山木

## 完全读懂名句

1. 殷:形容大的模样。2. 不逝:不善于飞行。3. 蹇裳:蹇,音jiǎn；蹇裳,提起衣裳。4. 躩步:躩,音jué；躩步,疾行、快步走。5. 翳:隐藏、隐没。6. 怵然:戒慎、惊惧貌。7. 虞人:守园者。8. 谇:音suì,骂。

庄周叹道:"这究竟是什么鸟啊?翅膀那么大却不善于飞行,眼睛那么大却看不清楚?"他提起衣裳快步走过去,拿起弹弓窥伺它的动静。这时看到一只休憩中的蝉,正因为找到凉荫而忘了自身安全;一只螳螂隐藏在后方准备捕捉它,螳螂眼见将有所得而忘了自己形体的暴露;异鹊趁机尾随在后,只顾贪得眼前利害而忘却生命的重要性。庄周看了戒慎地说道:"唉!物类互相累害,这皆是两相利害所招致也。"于是他扔下弹弓转头就走,守园的人以为他要偷东西而追着骂他。

## 名句的故事

在这则名句当中,庄子以通俗比喻来陈述"物固相累"的道理,也引申为贪图眼前利益、不顾后患的意涵。庄子将自己融于寓言当中,整个故事情节或许虚虚实实,但传达出来的理念却十分清晰。在道家的思想当中,人世间的事物相互竞逐,导致诸多斗争利害,欲望贪念既混淆人之耳目视听,也常使人忘却自我。庄子领悟到蝉、螳螂、异鹊的"食物链关系"后,心情突然变得沉重,也感到不愉快。因为他也恍然大悟自己当时的过失,如同蝉、螳螂、异鹊般,只顾眼前利害,而忘了后患,甚至还招来守园人的辱骂。

这篇蝉、螳螂、异鹊三者利益交关的故事,其实也受到"螳螂捕蝉、黄雀在后"典故的影响。汉代刘向《说苑·正谏》篇记载,春秋末期南方吴国原本想攻打楚国,臣子少孺子想劝吴王不要轻举妄动,却畏于其威势而口不敢言。一连几日清晨少孺子都拿着弹弓到后花园闲晃,引起吴王的注意,吴王问他是为什么,他历历道来:"园中有树,其上有蝉,蝉高居悲鸣饮露,不知螳螂在其后也;螳螂委身曲附,欲取蝉,而不知黄雀在其傍也;黄雀延颈欲啄螳螂,而不知弹丸在其下也。此三者皆务欲得其前利,而不顾其后之有患也。"吴王听了便罢兵,不再想着进攻楚国之事。

"螳螂捕蝉、黄雀在后"的故事后来多经改写,后来也常简称为"螳螂黄雀"或"黄雀伺蝉"。如《韩诗外传》中以楚庄王、孙叔敖为主角,同样是僚臣劝谏君主莫起兵戎。总括来说,皆提醒人莫短视近利,不顾后患。然就意境层面而言则有所差别,庄子所言更强调的是"物固相累,二类相召",并非只是单纯的利害关系,更是对身、形、真的领悟与修炼之道。

## 历久弥新说名句

清代著名的侠义小说《儿女英雄传》作者文康,是个家道中落、饱读诗书的儒生。此书中架构环绕着当时官场文化之种种黑暗,揭露八股文化与官场间种种丑陋情景。本书主角是翁十三妹,年幼时父亲因政治牵连而遭杀害,她与母亲浪迹天涯,于是养成她仗义执言的个性。她与男主角安骥的邂逅,就如同武侠小说般,是从贼人手中拯救出书生。安骥借宿于佛寺当中,不料这所佛院却是挂羊头卖狗肉,想要夺财害命,当安骥害怕得魂飞魄散之际，和尚还风凉地说道："这也不值得吓得这个脸儿，20年又是这么高的汉子，明年今日是你抓周儿的日子。"正当紧张时刻，本回结束，作者徒留下"雀捕螳螂人捕雀，暗送无常死不知"两句话，暗示雀（和尚）捕螳螂（安骥），后面尚有人（翁十三妹）捕雀呀！这也是章回小说最吸引人的地方，作者特意于每回最后留下余音袅袅的联句，勾引出读者的好奇与期盼。

说到"螳螂捕蝉"就不能不提到刘墉的书。刘墉于《杀手正传》中记载他的小女儿由于上课需要，畜养了一只螳螂名叫派蒂。经由父女俩的观察日记，意外发现到原来螳螂这种昆虫喜爱主动攻击猎食，若是唾手可得，或是经人类豢养喂食的生物，它便不吃。因此饲主只能绞尽脑汁，努力为派蒂寻找食物，甚至上宠物店购买活生生的蟋蟀来喂它。刘墉的儿子不禁回想起自己小时的经验，或许是受到"一蝉，方得美荫而忘其身；螳蜋执翳而搏之，见得而忘其形"之启发，连忙找来一只蝉来喂螳螂，孰料螳螂吃了之后却不知是无法消化或是吃太撑而死掉。他们一家人于是体悟到原来"螳螂捕蝉只是做比喻，根本不实际"。对于惯用语的使用，向来我们都以为是古人智能的累积，无亲身实验。当然，吃了蝉的螳螂不知是什么原因死掉，未必是古人成语有错，刘墉一家人的经验至少提供了一个有趣的观察与省思吧！

# 人生天地之间，
## 若白驹之过郄，忽然而已

## 名句的诞生

人生天地之间，若白驹之过郄¹，忽然²而已。注然³勃然，莫不出焉；油然⁴漻然⁵，莫不入焉。已化而生，又化而死，生物哀之，人类悲之。解其天弢⁶，堕其天帙⁷，纷乎宛乎⁸，魂魄将往，乃身从之，乃大归乎！

——知北游

## 完全读懂名句

1. 过郄：又作过隙，形容日影如白马般快速掠过空隙。2. 忽然：俄顷，一会儿。3. 注然：水涌出貌。4. 油然：自然变化貌。5. 漻然：漻，音liáo，变化貌。6. 弢：音tāo，弓袋。7. 帙：音zhì，箭袋。8. 宛乎：曲折、弯曲。

人生在天地之间，就像白马般的日影快速地掠过空隙，一转眼而已。万物蓬勃盎然，没有不生长的，变化衰逝，没有不死去的。已经顺化才生，又顺化而死，生物为之哀伤，人们也感到悲痛。解开上天的束缚，毁坏自然的枷锁，应变承化，魂魄去的地方，才是身的归所，这才是最大且最终的归返。

## 名句的故事

《知北游》篇旨在阐明道无所不在，总共以 11 个寓言构成。本篇名句是其中第五则，载天道贯穿于万物、无形之间，无一非道，也无须刻意追求，道不可闻也！本则故事本身非常值得人玩味，庄子故意捏造出孔子向老子问道的寓言。

这项行为有双重含义，一方面足见当时儒家与道家后学间的分歧，故意搬出儒家权威的孔子与道家之首的老子来对峙；另一方面庄子特意借用孔子还需向老子请益之事，来彰显道之无穷无尽，且非入世为主的儒家可以领悟。从历史角度解读，此番举动适足以证明战国时期儒家占有绝对性的权威，因此庄子刻意援引孔子、儒家圣哲，藉由其名声来提升自己、打击对方。这种书写技巧也并非庄子所独有，甚至后来许多门派也多喜采此法，例如佛教传入之初，也盛传有孔子向释迦摩尼佛问法之事。

本篇名句是孔子向老子问何谓"至道"时，老子对孔子说的一段话。老子认为道生于冥冥，存于无形，来去无踪影，却通于四方八达，能让"天不得不高，地不得不广，日月不得不行，万物不得不昌"，这就是道！老子进一步举例说明，首先批判儒家最爱讲的"圣人"，其实也只是外在形物的皮毛，只有道才是万物的根本。其次认为人生命短暂，哪还值得浪费时间去分别尧、桀的是非呢？最后才说道"人生天地之间，若白驹之过郤，忽然而已"，故平常修养要顺道而生，应道而行。

## 历久弥新说名句

"人生天地之间，若白驹之过郤，忽然而已"，是庄子对于人世间易逝光阴的譬喻，万物皆是短暂，唯有体道顺化之人才能永恒，此乃道家对实物的根本看法。"白驹过郤"一词，后来也成为形容时光匆促的典故。

《史记·留侯世家》中记载，汉高祖统一天下后，论功行赏，谋略大臣张良被封为留侯。经过几年歌舞升平的日子之后，高祖开始宠爱戚夫人，甚至想废掉吕后所生的嫡长太子。吕后得知消息后非常紧张，连忙请求张良协助他们母子俩，张良同样不赞同皇帝轻易变更太子人选，于是教导太子到民间寻访当时归隐高人商山四皓来朝，由这四位年事已高的贤人背书，相信高祖定不会轻举妄动。商山四皓之前完全不理会刘邦的厚礼聘诏，因此当太子放下身段将四位贤人带回朝廷，刘邦不禁大吃一惊，也因此知晓儿子这项举动的含义，果然此后不再提起换太子的事。

汉室统治逐渐平稳之后，张良屡屡跟高祖请辞，谦虚说道自己本是以"三寸舌为帝者师"，今封万户，位列侯，已是布衣百姓荣耀之极，非常地满足了。因此请求汉高祖让他辞官，修习道法，从真人游。但皇帝不断慰留，直到刘邦过世，张良也跟吕后请辞，同样被拒绝。当时张良已着手修炼从道家最基本之断食洁净，以道接引轻身。吕后却强迫他进食，劝他："人生一世间，如白驹过隙，何至自苦如此乎！"人生年华有限，何苦勉强自己呢？张良不得已只好进食如常，也打消辞官修行的念头。

清末革命女英雄秋瑾，留学于日本，返国之后创办《中国女报》，号召女性不要拘守于闺房，也要为民主自由尽一份心力。秋瑾后来加入同盟会，积极参与实际的抗清活动。秋瑾是当时著名的才女，留下不少诗文著作，对国家民族存续之关怀，或对民生社会之吟咏喟叹，刚柔兼具。其中《黄海舟中感怀》即针对"人为刀俎，我为鱼肉"的中国，慨然忧愤道："炼石无方乞女娲，白驹过隙感韶华。瓜分惨我依眉睫，呼告徒劳费齿牙。祖或沦陷人有责，天涯飘泊我无家。一腔热血愁回首，肠断难为五月花。"秋瑾在诗中也引用"白驹过隙"的典故，比喻时光短暂，因此更需要把握时间，改变现状。整首诗不论词章、含义都不输于士大夫以天下为己任的抱负。可惜当她与革命志士徐锡麟于绍兴起义时，事泄落败不幸被捕，一代女豪杰就此从容赴义。

# 天无私覆,地无私载

## 名句的诞生

子舆与子桑¹友,而霖雨²十日。子舆曰:"子桑殆病矣!"裹饭³而往食⁴之。至子桑之门,则若歌若哭,鼓琴曰:"父邪!母邪!天乎!人乎!"有不任其声⁵而趋举其诗⁶焉。子舆入,曰:"子之歌诗,何故若是?"曰:"吾思夫使我至此极者而弗得也。父母岂欲吾贫哉?天无私覆,地无私载,天地岂私贫我哉?求其为之者而不得也。然而至此极者,命也夫!"

——大宗师

## 完全读懂名句

1. 子舆与子桑:子舆与子桑皆人名。《庄子》一书多用寓言方式以表达哲理,故书中所涉人、事、时、地多为子虚乌有。2. 霖雨:《左传》云:"凡雨自三日以往为霖。"故霖雨即指多日大雨。3. 裹饭:携带粮食。4. 食:音 sì,通"饲",拿食物给人或动物吃。5. 不任其声：任，堪，胜也。因疲惫而声音微弱。6. 趋举其诗：趋，"趣"的借字；趣，通疾，急促的意思。此句指诗句急促，不成曲调。

子舆和子桑做朋友。有一次大雨连下了十天，子舆说："子桑恐怕要饿病了！"于是便带着饭送给他吃。到了子桑门前，听到里面传出又像歌唱又像哭泣的声音，听见子桑弹着琴唱着："父亲啊！母亲啊！天啊！人啊！"歌声微弱而诗句急促。子舆进门，问说："你歌唱的曲调，为什么这个样子呢？"子桑回答说："我在想让我落到这种处境的原因，却找不到。父母难道要让我贫困吗？天是没有偏私地覆盖着（万物），地是没有偏私地承载着（万物），天地哪可能单单让我贫困呢？想找出让我到这个地步的原因而不可得，如此说来，我落到这个地步的原因，应该是命吧！"

## 名句的故事

《礼记·孔子闲居》记载："子夏曰：'敢问何谓三无私？'孔子曰：'天无私覆，地无私载，日月无私照。奉斯三者以劳天下，此之谓三无私。'"可见"天无私覆，地无私载"是先秦时期颇为流行的观念。在孔子与子夏的对话中，强调的是"无私"精神的重要性，天、地平等对待万物，可以说是"无私"的代表。

在《庄子》这段故事中，则藉由子桑的遭遇，来探寻人生遭遇逆境的终极原因，认为并非因为"天"、"地"偏私，故使子桑面临困境，以作为报应或考验的方式；亦不是因为父母所造成，因为没有父母愿意让自己的子女陷入穷困的遭遇。所以《庄子》用"命"这个观念来指称造成人生境遇的终极因素。人对于造成"命"的原因与其结果并不可知，也无法改变它，然而应该"知其不可奈何而安之若命"（《人间世》），此为道家庄子所提倡处人间世的方法。

## 历久弥新说名句

孔子《论语·述而》曾说过："富而可求也，虽执鞭之士，吾亦为之。如不可求，从吾所好。"人生在世，是否能够富贵，并非人的主观意愿所能达到，此种不知从何而来的束缚与外在因缘的限制，古人即以"命"来称之。在这一点上，庄子思想与儒家有相通的地方。

但这并不表示人应该对所有遭遇皆无所用心，趋于消极，人仍可立志追求人生的理想，虽然此一理想能否达成，亦受外在环境左右，正如儒家强调"知其不可而为之"的精神，在此点上彰显人存在的价值；而道家庄子则强调人不管面对任何处境（即"命"），应皆能安时处顺。若一味怨天尤人，将所有忤逆都归为外在客观环境所致，则亦不足取。

例如楚汉相争多年，最后以项羽兵败自杀、刘邦取得天下告终。史载项羽死前曾痛斥："此天之亡我，非战之罪也。"认为自己一生征战未尝败北,最后却落得被汉兵围困、无路可走的凄凉下场,是运气不好,老天爷要灭亡他,并非个人的过失。

然而,"天无私覆,地无私载",若真要问老天爷为什么独独喜爱刘邦,而舍弃项羽,恐怕他自己也无法回答吧!况且胜败乃兵家常事,项羽非但不能面对自己的失败,并检讨其原因,反而在事犹有可为之时,选择以自杀的方式作为对老天爷的抗议,实在令人叹息。故唐代杜牧曾有《题乌江亭》诗云:"胜败兵家事不期,包羞忍耻是男儿。江东子弟多才俊,卷土重来未可知。"能够接受失败的耻辱,获得卷土重来的机会,才是真正面对命运的考验啊!

# 天地与我并生,万物与我为一

## 名句的诞生

天地与我并生,而万物与我为一[1]。既已为一矣,且得有言[2]乎?既已谓之一矣,且得无言乎?一与言为二,二与一为三。自此以往,巧历[3]不能得,而况其凡乎!故自无适[4]有,以至于三,而况自有适有乎?无适焉,因是已!

——齐物论

## 完全读懂名句

1. 一:此指万物整体和谐的浑然如一。2. 言:言论。庄子意在引申言语乃世间争端的根源。3. 巧历:善于计算的人。4. 适:往、至。

天地与我一起存在,万物与我合而为一。既然已经合为一体,还能有什么话好说?既然已经说了合为一体,还没有什么话好说？"合为一体"与"说了合为一体"加起来形成了二，二与"合为一体"又形成了三。依此类推，就算是善于计算的人也无法数得清楚，更何况是一般人呢？所以从无到有，已经算到了三，更何况是从有到有呢？别再追逐这些问题了，顺着情况去做就是了！

## 名句的故事

"天地与我并生，而万物与我为一"是庄子的重点思想之一，庄子跳脱了人有生命长短的"界限"，提出"我"与天地并生以及"我"与万物合一的概念。庄子的思考为：人因受制于有限的寿命，不免对老、死充满不安焦虑，也因对物我的分别对待，才会不停向外追求名利、声色等欲望，往往身陷其中而不自觉。如果人能够摆脱时间、空间的困扰，体验人和天地、万物本是无穷无尽，那就不会耗尽心力、劳苦身心，去做一些没有意义的事情。也就是人只要愿意放下对物我的偏执对待，精神上的"我"，原本就是与天地、万物共生共存的啊！

庄子又言："一与言为二，二与一为三。"乍看之下，还以为庄子依循的是《老子·第四十二章》："道生一，一生二，二生三，三生万物。"老子认为道是统一的整体，由其展现阴阳两气，两气再生三和，三和再生万物，所有自然万物的生成，皆是由道的一乃至二三，逐渐形成复杂的体系。

但事实上，庄子在此强调的是"言"影响人的关键性。庄子的"一"是合为一体的意思,"合为一体"与"说了合为一体",形成了二,"二"与原来的"合为一体"又形成了三。意谓人所"说"的言论,足以改变原来的认知与判断,形成新的一项表述,故不管多么善于计算的人,也无法在这样的表述世界里算得清楚。所以人实在不必耗损精神,去争论那些永远找不到真正答案的问题,唯有顺应自然去走就对了。这也是庄子提出在世间安身立命的最佳对策!

## 历久弥新说名句

在《老子·第七章》中写道:"天长地久。天地所以能长且久者,以其不自生,故能长生。是以圣人后其身而身先,外其身而身存。非以其无私耶?故能成其私。"天地之所以长久,是因为不刻意追求生存,所以才长保永久。如同圣人退居众人之后,结果却反而站到众人之前,不在意自己生命的,最后却能保全生命。这不就是以无私的心成就其私心吗?

老子所言"天长地久"、"外其身而身存",都是放开生存的意念,任其自然生灭,却因而长存下来,这正与庄子"天地与我并生,而万物与我为一"的精神不谋而合。老子的"身存"和庄子的"并生"、"为一",皆是跳出时空的局限,对待生命的终始,也不以存在的形体为标准,而是以内在的精神为依归,就像圣人的肉身如今不在,但圣人的精神却是永远长存。

东晋诗人陶渊明,其五言诗《神释》前四句为:"大钧无私力，万理自森着。人为三才中，岂不以我故。"造化对谁都没有偏爱，天地万物也都按照规律，各自繁荣显著生长，人所以列在"天地人"三才之中，不就是有"我"这个灵魂存在的缘故？诗题命名"神释"，指的是人的灵魂——"神"，向人"形"和人"影"所做的解释。

  陶渊明写有《形影神》三首系列诗：其一《形赠影》是形体写给影子的诗，意在说明人生苦短，人应及时饮酒行乐；其二《影答形》是影子回答形体的诗，影子表示喝酒只能消愁，立善求名才是做人最重要的事；其三《神释》是灵魂出来解答形体和影子两方的各执一词。灵魂认为纵情饮酒是无益的，立善求名也太过自伤其性，唯有顺应自然，对生命不喜不惧、尽情至性，终能死而不亡，可与万物同化、天地并存！

至道之精,
窈窈冥冥;
至道之极,
昏昏默默

# 博之不必知,辩之不必慧

## 名句的诞生

博之不必知¹,辩之不必慧,圣人以断²之矣。

——知北游

## 完全读懂名句

1. 知:通"智"。2. 断:断绝,在这里有抛弃的意思。

学问广博的人不必对某事有真智,辩论真理的人不必反应聪慧,圣人已经弃绝智能了。

## 名句的故事

《史记》的《孔子世家》、《老子韩非列传》以及其他典籍中,都记载了孔子曾向老子问礼之事。孔子在周地向老子问到了礼，于是决心要回到鲁国，一心一意为恢复周礼努力。但老子对这一点持保留的态度，因为时代已经和以前不相同了，他对孔子说："你要作为奉行对象的这些人，他们的尸骨都已经腐朽了，只剩下言论还留着罢了。"老子认为君子应该在适当的时机从政，政局不适当就退居，然而孔子还是坚持自己的理想，只是告辞老子回来之后，三天都没有开口说话。

子贡觉得奇怪，问孔子是怎么回事，孔子回答："我知道鸟能飞，我知道鱼能游，我知道兽能跑；也明白能跑的可以用网去捕，能游的可以用线去钓，能飞的可以用箭去射。但是对于龙，我不知道它是怎么乘着风云飞上天的，这次见到了老子，他就像龙一样的深不可测啊！"可见孔子对老子的佩服。

孔子向老子问至道，老子回答，道是很难用言语说明的，要孔子先疏浚自己内心的执著阻塞、洗涤精神中的烦杂，然后才勉强为他说个大概。老子认为道的存在使"天不得不高，地不得不广，日月不得不行，万物不得不昌"，促使世间万物循着秩序运转，这就是道吧！又"万物皆往资焉而不匮"，万物都依赖资生而不匮乏，这就是道吧！

老子与孔子的道，一个注重自然的运行，一个注重人为的教化，不管所持的论点为何，二位思想家的讨论造成了碰触与撞击，都产生了璀璨的火花。

## 历久弥新说名句

在《庄子》中，老子告诉孔子："博之不必知，辩之不必

> 至道之精，窈窈冥冥；至道之极，昏昏默默

慧"，这样的理论其实是出自于《老子》。

老子说："信言不美，美言不信。善者不辩，辩者不善。知者不博，博者不知。"意思是说正直而可以相信的话语往往不好听，好听的话往往不能够相信。善良的人不喜欢与人争辩，爱争辩的人往往心怀不正。精通某项技能的人学问必不广博，学识丰富的人不一定会花费精神特别钻研某些领域。

现今社会的教育，由于讲求专业，造成只对自己的研究领域学有专精，对于其他的领域一概不知，这样的现象，充分体现"知者不博，博者不知"。然而学问真理，浩如烟海，穷极人的一生，也只能窥得其中一二而已。因此无论是学有专精，或是广学博闻者，都需要不断的学习。

美国的未来主义哲学家杜佛勒曾说："未来社会中，文盲并非不识字的人，而是不能再学习的人。"也就是《礼记》中说的"学然后知不足"。不管是要做个博者或是知者，都要继续不断地充实自己，方能不断前进。

# 人莫鉴于流水，
# 而鉴于止水，唯止能止众止

## 名句的诞生

仲尼曰："人莫鉴[1]于流水而鉴于止水[2]，唯止能止众止。"

——德充符

## 完全读懂名句

1. 鉴：镜子，这里作动词用，意思是照。2. 止水：不流动的水。

孔子说："人不会到流动的水面去照自己，而是到静止的水面去照自己，因为只有静止的事物才能使事物静止下来。"

## 名句的故事

庄子是个寓言高手，他常把一些生活中的现实状况，在寓言

> 至道之精，窈窈冥冥；至道之极，昏昏默默

故事中反转过来，以此加深读者的印象。例如本句名言的虚拟主角是鲁国一位断了脚的王骀，从事教书的工作，他门下有学生三千人，与当时的孔门盛况相较，可说是并驾齐驱。激活这个故事的反转手法就是庄子引起大家阅读兴趣的诀窍。

想想，一个断了脚了人如何与孔子相比呢？但是故事中的孔子居然告诉大家，他准备去拜王骀为师，而且希望天下人都能够成为王骀的弟子。这可引起很多人的注意了，于是常季请教孔子："王骀不过是用他自己的智能去体悟他的内在本心，用他的本心体悟出万物不变的常心，如何就能成为天下人的老师呢？"

孔子便回答说："人莫鉴于流水，而鉴于止水；唯止，能止众止。""止水"才可以作为镜子，而"心如止水"才可以照见万般事物。这句名言的主要意义在于王骀直接掌握了一个基本原理即是去实践，不随外在环境的变化而有任何波动。就像人把静止的水当做镜子一样，可以看清自己的容貌。王骀不随外物舞动的修养，就像是世人的镜子一样，以他为师，可以看清自己的举止是非。

后人便用"明镜止水"形容能够以宁静、坦诚的心，去面对任何事物的一种心性境界。这个"鉴"还有视察、观照的意思，例如"知人之鉴"，即判断人的能力，而这种能力还必须具备静水的功夫，方可有所运用。

## 历久弥新说名句

明朝徐弘祖的《徐霞客游记》中《滇游日记三》，有个类似

的用法："泉混混平吐，清洌鉴人眉宇。"泉水源源不绝地涌出来，涌出后的泉水摊平了，就像一面镜子，水质清澈得可以照出人的面目。后来就演变成《新唐书·魏征传》所记载："以铜为鉴，可以正衣冠。"

中国人以铜为镜大约是从春秋晚期开始，在商周以前则多半是以水为镜。静止的水在盆中是平衡且稳重的，反映到人的身上就是德行修养的功夫，例如《菜根谭》中的一段话："心体澄澈，常在明镜止水之中，则天下自无可厌之事。意气平和，常在丽日光风之内，则天下自无可恶之人。"心的平衡让人养成中庸的眼光、宽大的胸怀，天下自然无可计较之事了。

又如唐朝的白居易有一首《玩止水》："动者乐流水，静者乐止水；利物不如流，鉴形不如止。"活泼的人喜欢流动的水，文静的人欣赏不流动的水；洗涤物品时要用流动的水，想当镜子来照时就要用静止的水。我们常说"以静制动"、"以不变应万变"，心志不随外物的变化而有所波动，如同静止不流动的水，自然可发挥出正确的判断力来应对周遭的变化。所谓"静"的功夫发挥出来显然高过于"动"，因此白居易才会"赏玩"静止的水呀！

# 以神遇而不以目视

## 名句的诞生

臣¹之所好者,道也,进乎技矣。始臣之解牛之时,所见无非牛者,三年之后,未尝见全牛也。方今之时,臣以神遇²,而不以目视,官知止而神欲行,依乎天理,批大郄³,导⁴大窾⁵,因其固然,技经肯綮⁶之未尝,而况大軱⁷乎?

——养生主

## 完全读懂名句

1. 臣:谦称。本段为庖丁与文惠君的对话。庖丁是一个专门宰牛的厨师。2. 遇:接触。3. 郄:同"隙"。4. 导:引。5. 窾:空。6. 肯綮:肯,附在骨头上的肉。綮,音 qìng,指筋肉纠结的地方。7. 大軱:大骨头。

我所喜好的是道,已经超越技术的层次。起初我解剖牛体的时候，所见无非就是完整的一只牛，三年之后，就不曾见过完整的牛，到了现在，我以虚灵的神明去接触，而不用眼睛去看。官能的活动停止，而神明的作用开始运行。依循牛只天然肌理，进击大的缝隙，顺着大的孔隙切开，依照原有的构造使力。连经络和筋骨都还没碰过，何况是大骨呢？

## 名句的故事

有些选文特别加了标题为"庖丁解牛"。主要是庄子借着庖丁之语，暗指一套养生的道理。

庖丁最初开始解剖牛体时，眼睛所见，无不是完整的牛体，根本不知从何处入手。历经三年的学习过程之后，庖丁再度面对牛只时，已达到"目无全牛"的地步，他对牛体骨骼结构的熟悉，完全了然于胸，只需用内心去感受牛只的形体结构，不再需要用眼睛去观察。要从牛的各种部位进刀，他都能掌握得恰到好处，每次刀一出手都进到筋骨的缝隙，依着牛只的骨骼结构，顺着骨骼缝隙的地方，并且不碰触骨头损害刀锋，牛的肉体便与骨头分离。

由庖丁解牛的故事，说明"道"要建立在"技"上面，但道不仅熟于技，它还要进于技；要先经历一段学习熟练的过程，熟练之后还要更进一步，神欲要经由官知（感官）发展而来，但神欲不仅在于官知（感官），还要融合官知（感官），使官知（感官）止而神欲行，才能提升到"道"的境界。

至道之精，窈窈冥冥；至道之极，昏昏默默

## 历久弥新说名句

"以神遇而不以目视"，成为后人学习书法、绘画等各种技艺的法则。宋朝的大文豪苏东坡，诗、词、书、画样样精通，可惜他官运不佳，动不动就遭到贬官，从北方的山东一路贬到最南的广东，最远贬到海南岛，却也养成了几个嗜好。除了创造了一道菜叫"东坡肉"之外，也有一套画竹的理论。他在《文与可画篔筜谷偃竹记》云："故画竹必先得成竹于胸中，执笔熟视，乃见其所欲画者，急起而从之，振笔直遂，以追其所见，如兔起鹘落，少纵则逝矣。"大意是说画竹子必须心中先有个竹子的影像，然后迅速地一笔而就。这段话便是成语"胸有成竹"的由来。

"胸有成竹"亦作"成竹在胸"，本指画竹之前，心中早已有了竹子的完整形象，也用来表示人有坚定的信心。

# 用志不分,乃凝于神

## 名句的诞生

我有道也。五六月累丸二而不坠,则失者锱铢;累三而不坠,则失者十一;累五而不坠,犹掇之也。吾处身也,若厥株拘[1];吾执臂也,若槁木之枝。虽天地之大,万物之多,而唯蜩翼之知。吾不反不侧[2],不以万物易蜩之翼,何为而不得!

——达生

## 完全读懂名句

1. 株拘:枯槁的树干。2. 不反不侧:不会胡思乱想。即心无旁骛之意。

我是有方法的!勤练五六个月后,在捕蝉的竹竿顶上放两个弹丸而不会坠落,这样捕蝉就很少失手。后来放三个弹丸而不会掉落,失手的机会只有十分之一。等到放了五个弹丸而不会掉

至道之精，窈窈冥冥；至道之极，昏昏默默

落，捕蝉就像是在地上捡东西一样了！捕蝉的时候，我的身体好像是枯树干稳立站直，我拿竹竿的手臂好像是枯树上的树枝。虽然天地广大，万物众多，我只专注在蝉翼上面，完全不想其他事情，万物都无法来跟我交换蝉翼，这样怎么会捕不到蝉呢！

## 名句的故事

庄子借用孔子教育家的形象，讲述一个驼背老人捕蝉时近似"出神入化"的故事。孔子在路上偶遇一位驼背老人，见到他驾轻就熟地在捕蝉，忍不住向前请教老人秘诀；老人告诉孔子说，他的诀窍只有持之以恒的练习，并全神专注在捕蝉一事上。于是，孔子趁此机会对学生教育一番，让他们见识到连一个捕蝉老人都知道唯有心思专注，才能练就一身纯熟的功夫，身为读书人又怎能不明白这道理呢？

同样在《庄子·达生》中，出现一则木匠的故事，可与老人捕蝉的故事相互参照。话说鲁国有一个名叫梓庆的木匠，他所做的钟架，让人"见者惊犹鬼神"，简直就像鬼斧神工的杰作！鲁侯接见梓庆，想知道他到底有什么秘诀，梓庆回答鲁侯说，自己不过是一名工人，哪有什么秘诀可言，唯一可说的是，他在准备做钟架之前，一定会先斋戒以平静内心，忘掉所有奖赏、毁誉的荣辱，只专注在木工技巧上，让精神完全不受外界干扰。然后，走进山林观察树木的自然本性，遇到形质合适的木材，才会开始动手施工。梓庆总结自己做钟架的诀窍，就是"以天合天，器之所以疑神者"，意即用自然去配合自然，做出来的器物，便会被疑似鬼神所为的完美。

## 历久弥新说名句

"志"，着重内在心境的凝聚，必须摒除周遭一切纷扰，不仅是庄子对"志"十分重视，与庄子同一时代的孟子，也相当注重"志"的涵养功夫。

《孟子·告子》中记载："弈秋，通国之善弈者也。使弈秋诲二人弈，其一人专心致志，惟弈秋之为听；一人虽听之，一心以为有鸿鹄将至，思援弓缴而射之，虽与之俱学，弗若之矣。为是其智弗若与？曰：非然也。"意思是说，弈秋是全国最会下棋的人，如果让弈秋同时教导两个人下棋，一个人总是全神贯注、专心听从弈秋的指导；另一个人则是一边听着，一边想着将有大鸟飞来，希望可以拿着弓箭去射鸟。孟子认为这两个人虽然一同学习，但心里想着射鸟的人，学棋的成就绝对比不上专心听讲的那人，原因并不在于两人智商的高低，而是他们"专心致志"的程度不同罢了！

# 大块载我以形

## 名句的诞生

夫大块¹载我以形,劳我以生,佚²我以老,息³我以死。故善⁴吾生者,乃所以善吾死者。

——大宗师

## 完全读懂名句

1. 大块:指大自然、宇宙。2. 佚:使安逸、使安乐。3. 息:使安息。4. 善:适宜、妥善。

大自然赋予我形体,以生来使我劳动,以老使我得以安乐清闲,以死让我得以安息。所以能够妥善对待生命的人,也应该可以安于死亡。

## 名句的故事

春秋战国时期中国尚未发明纸张，一切资料多仰赖竹简记载。当时书写用具，当时士人最普遍的记载方式就是一手拿着竹片，一手持着笔，将所要记录的东西一笔一笔写在竹片上，然后用绳子将它们依顺序串连起来，成为当时所谓的书籍。可以想见，随着时间过去，绳子会断、竹简会毁损，有些书就因此失传或有错简问题，使文本产生错乱。

本篇名句之所以会同章重复出现，也是因为错简的问题。它最先出现于"相呴以湿，相濡以沫"的故事后面，但置于此处前后文句不通顺。其第二次出现在"相视而笑，莫逆于心"的故事之后，按其逻辑此处较通，故历来解庄者都认为"夫大块载我以形……"应放于此处。其脉络发生在莫逆之交的子来与子犁身上，一次子来病重，子犁去探病。子来即便面临生死关头，依然处之泰然，说道："大块载我以形，劳我以生，佚我以老，息我以死"，认为所谓的生是自然赋予，生老病死皆只是必经过程罢了，故能安于生，亦能安于死，顺应造化，就不会有什么担心惧怕了。

## 历久弥新说名句

庄子以"夫大块载我以形，劳我以生，佚我以老，息我以死"的态度看待生命，这种想法去除人自我的独特性，以载道之形，劳动

> 至道之精,窈窈冥冥;至道之极,昏昏默默

生命,安乐养老,最后归于死亡安息。唐代诗仙李白以其敏锐,于《春夜宴从弟桃李园序》吟道:"夫天地者,万物之逆旅;光阴者,百代之过客。而浮生若梦,为欢几何?古人秉烛夜游,良有以也。况阳春召我以烟景,大块假我以文章。"这种对生命的看法与庄子相近,同样都认为浮生若梦,万物只是天地间的旅客,来去匆忙。

民国初年五四运动的文学健将郭沫若,是著名的诗文家也是位历史学家,对当时文坛影响甚大。郭沫若留下的著作甚多,但由于当时他是投身于社会主义人士,故在台湾却鲜为人知。从历史的角度来说,郭沫若对中国古代社会、甲骨文字的研究功不可没。且除此之外,他也擅长以历史人物撰写小说,写出了如《屈原》、《武则天》等一部部脍炙人口的历史剧。他个人也富有文人风雅,不仅能言善道,对于诗文读写、艺术鉴赏也颇为善道。他曾经为岭南派画风的关山月所绘制的国画题诗,赞赏其图有着"大块无言是我师,陆离生动孰逾之",栩栩如生、精致典雅的生命蕴含。关山月画风擅长以山水、花鸟、人物为题材,尤善于画梅,即使到对日抗战时期依然不改,将对苦难百姓的同情与关怀,寄托于画纸之上,成为当时画坛巨擘。

# 吾生也有涯，而知也无涯

## 名句的诞生

吾生也有涯[1]，而知[2]也无涯。以有涯随无涯，殆已[3]；已而[4]为知者，殆而已矣。为善无近名，为恶无近刑。缘督[5]以为经[6]，可以保身，可以全生，可以养亲[7]，可以尽年。

——养生主

## 完全读懂名句

1. 涯：原作"崖"，有边界、界线之意。2. 知：通"智"，心智、智识。3. 殆已，疲困貌。4. 已而：既然如此。5. 缘督：顺着自然之道。6. 经：经纬、常法。7. 养亲：亲又作身，即养生之意。

我们的生命是有限的，而智识是无穷的。用有限的生命追求无穷的知识，会让人疲惫。既然如此还要汲汲追求知识，就只会让自己更

至道之精，窈窈冥冥；至道之极，昏昏默默

疲困不堪罢了。做世俗上所谓的善事，不要只是为了牟取声名；做世俗上所谓的坏事，也不要只是为了想要遭受刑罚。顺着自然之道为常法，可以用来保全生命，保全天性，可以养生，可以享年。

## 名句的故事

《养生主》篇目的在于阐明修养精神的重要，而养神最好的方法即是顺任自然。庄子在这篇名句中开宗明义提出"缘督以为经"，即为全篇之纲领。缘督者，循虚而行也，即是指凡事当处之以虚，顺化应然，以作为养生之常法。因此，人生一切有限、有涯的事物不应强求，要处顺安然，对于生命也是如此，安时处顺，不为哀乐之情所扰才是养神要道。

反观孔子对于追求学问十分热络，"朝闻道，夕死可以"之精神仿佛飞蛾扑火般强烈，又言："学如不及，犹恐失之。"可见儒家对于"学"特别重视，对"困而不学，民斯为下矣"的人则强烈地鄙弃。对道家来说，人生最终的意义在于养精、养神、养生，至于智识方面，若能有所助益最好，若否也不强求，顺化安养才是正确之道。

## 历久弥新说名句

南朝梁撰写《文心雕龙》的刘勰，曾在书中的序中谦虚说道："赞曰：生也有涯，无涯惟智。逐物实难，凭性良易。"作者承袭着庄子所谓"吾生也有涯,而知也无涯"的论调,客气地为自己识见不足之处稍做诠解。但若从后见之明而言,《文心雕龙》是中国文学史上第一本文学批评史,刘勰不仅文学造诣高,评论也恰如其分,其卓越贡献处莫过于体现当时人对文章分类的认识。诸如《原道》、《宗经》等篇都具体呈现古代对"文以载道"的看法,有助于我们认识古代所谓的"文"。这种文学并非我们现今所谓的纯文学,而是能够承载天地万物之道,能够兴邦经世之理,才是古代所谓的文章。

西方谚哲苏格拉底曾说道:"我只知道一件事,就是我一无所知",是面对浩瀚知识时的谦卑态度。雷同孔子对子由的教诲:"知之为知之,不知为不知,是知也。"在告诉我们自己识见的有限,不能骄傲处世。"三人行,必有我师焉!"知道自己的渺小之后,才能虚怀若谷、客气待人,足见人对知识的态度也会影响到待人接物的想法,故不可不慎也!

# 其耆欲深者,其天机浅

## 名句的诞生

古之真人,其寝不梦,其觉无忧,其食不甘,其息深深。真人之息以踵¹,众人之息以喉。屈服者,其嗌²言若哇³。其耆欲⁴深者,其天机浅。

——大宗师

## 完全读懂名句

1. 踵:脚跟。这里有根本之意。2. 嗌:喉咙。3. 哇:呕吐。4. 耆欲:耳目口鼻之欲。

古代的真人,睡觉时安适无梦,醒时无忧无虑,饮食不求甘美,呼吸甚深。真人呼吸下通至脚跟(根本),一般人呼吸仅通到喉咙。这些呼吸不畅者(言论为人所屈服者),他的喉声有如呕吐。嗜欲深多的人,他的精神智能也就非常浅钝。

## 名句的故事

周穆王当政时,西胡国有个会幻化之术(魔术)的人前来。这人能够进入水火,贯穿金石,倒转山河,挪移城邦,飞空不坠。不只改变物貌,还能改变人的思虑。周穆王把他奉为神,侍候他犹如君王。不过这个化人却嫌王宫简陋不堪,食物腥臭,嫔妃侍女膻气过重。于是穆王另建巧妙无瑕的宫室"中天台",耗尽国库,又选出温柔貌美的女郎,脂粉佩玉,奏古乐供化人欣赏,但仍无法满足他。

有一天化人邀穆王共游。两人腾空而飞,来到化人的宫殿。这宫殿用金银打造而成,以珠玉做装饰,美不胜收,眼观耳闻,皆非人间所有,穆王认为这应是天帝的居处。俯瞰下界,见自己所造的宫殿犹如乱草堆般。两人继续游历,所到之处光影幻化,迷音乱耳,穆王被迷诱到精神颓靡,不得不请化人带他回返人间。化人推他一把,穆王感觉自己犹如从空中坠落下来。醒后,发现一切依旧,甚至连他的坐姿都没有改变,他连忙问一旁的侍者,侍者答道,他不过只是稍稍静默一会儿。

穆王因此失魂落魄长达三个月之久,愈后,找了化人问话,化人说他与穆王不过是以精神外游而已,形体不需移动。又说他们所到的宫殿与穆王宫殿并无不同,只是穆王习惯常态,却怀疑变化。其实变化急速神妙,非言语能言。从此周穆王不问国事终日驾车游历,活得犹如仙人到百岁才寿终。

至道之精，窈窈冥冥；至道之极，昏昏默默

## 历久弥新说名句

德国哲学家尼采借着智者查拉图斯特拉呈现西方"真人"追求至道的历程，尽管过程同样充满吊诡，《夜游者之歌》中却以热情、真挚的言语形式来呈现："痛楚就是一种欢乐，诅咒就是一种祝祷，夜晚就是一种阳光，离开吧！要不你会了解：智者就是愚人。"

在文学中，曹雪芹的《红楼梦》一开头就要读者思索人间如梦的玄机："作者自云曾历过一番梦幻后，故将真事隐去，而借'通灵'说《石头记》一书也。故云甄士隐云云……我虽不学无文，又何妨用假语村言敷衍出来，亦可使闺阁昭传，复可破一时之闷……故云贾雨村云云。更于篇中间用'梦''幻'等字，却是此书主旨，兼寓提醒阅者之意。"或许人生真谛在此，真事隐去，假语村言，一番梦幻，只有智能高超者能参透人生一团情迷。书中三番两次借着谜题似的对话暗示人物的未来，却又说不能"泄漏天机"，正为巧妙之处！

# 指穷于为薪，火传也，不知其尽也

## 名句的诞生

指[1]穷[2]于为[3]薪[4]，火传也，不知其尽也。

——养生主

## 完全读懂名句

1. 指：指当为脂，即脂膏，古人取用动物脂肪以作为助燃剂。2. 穷：尽，在此当动词。3. 为：取也。4. 薪：指柴薪，木柴。

涂了油脂的干柴被烧尽，但是火种还是流传下去，不知有穷尽的时候。

## 名句的故事

庄子以柴薪来比喻人的形体，以火比喻人的精神，当柴薪被

> 至道之精，窈窈冥冥；至道之极，昏昏默默

点燃的时候，每一根木柴、柴薪没多久就会燃烧殆尽。虽然柴薪被烧完即将化为灰烬。但是，前柴烧尽，后柴又燃，火种仍然继续地燃烧，人的精神也可以像火种的一样传续下去而没有穷尽的时候。

《寓言》篇说："万物，皆种也，以不同形相禅。"禅是替代，万物都是由种变化而来的，以不同的形态互相代替，就像前柴的火苗传至后柴，"始卒若环，莫得其伦"，每一次开始和结束就像圆一样，无法得知它的规则，只知道在这个宇宙，这种演变的规律不断地进行着。

所以庄子借着"薪传"的比喻，来说明人的身体虽死，但精神可以继续存在，只不过变成另一种形状。

因为这个典故，后来我们习称一个文化或技艺的传承延续，称为"薪火相传"，简称为"薪传"。

## 历久弥新说名句

火，象征着光明与神圣，也是人类文明演进的重要标志。在希腊神话的传说中，普罗米修斯怜悯人类生活在饥寒交迫的阴暗世界，向天上盗取了火种带到凡间，从此人类开始懂得用火，告别了茹毛饮血的野蛮生活，将人类带进了文明的时代。

每四年一度的奥林匹克运动大会，开场最重要的仪式，便是传递与点燃圣火的仪式，圣火的起源便是源于希腊神话的传说，当普罗米修斯将火种传播到人间，就再也收不回去，天神只好规

定,在燃起圣火之前,必须先祭祀他,根据这个神话,古奥运会在开幕前必须举行隆重的点火仪式,由祭司从圣坛上燃取奥林匹亚之火,所有运动员一齐向火炬奔跑,最先到达的三名运动员将高举火炬跑遍希腊,传谕停止一切战争,开始四年一度的奥运会。

后来奥林匹克运动大会受到越来越多的国家支持,圣火传递每个参与国家的领土,象征着不分种族、国家、文化、地域,圣火的点燃仪式更象征着奥运精神的传承与延续。

在佛教文化,则以"传灯"来表示薪火相传之意,记载佛教师承次第传授的著作,便称为《传灯录》。灯代表佛法、光明,佛法代表智能,所以智能之光明能破除愚昧之黑暗。因此,传灯便有薪火相传、光明不断的含义。

# 道隐于小成，言隐于荣华

## 名句的诞生

道隐于小成¹，言隐于荣华²，故有儒、墨³之是非，以是其所是而非其所非。欲是其所非而非其所是，则莫若以明⁴。

——齐物论

## 完全读懂名句

1. 小成：小的成就，片面的认识成果。2. 荣华：华美的言论，花言巧语。3. 儒、墨：即儒家、墨家。庄子对儒、墨二家的争辩持否定的态度。4. 莫若以明：不如使心灵达到空明的境地去反照外物。

道的蒙蔽，是因为人执了一偏的道，不知大道；言的蒙蔽，是因为好慕浮辩之词，不知"至理之言"。所以儒墨争辩，不外和对方相难；他们各自强调对方的非，而非议对方的是，如要强调对方的非,而非议对方的是,则不如以空明的心境去反映事物实情。

## 名句的故事

在北海这个地方,有一条被称为鲲的大鱼,鲲的体积非常的大,不知有几千里长,忽然之间变成一只鸟,名称叫鹏,光是鹏的背,也不知有几千里广;它一振翅高飞,它的翅膀展开像是遮住半边天空的一团云。每当海动大风起时,鹏鸟就要迁徙到南海去,南海是个广阔无边的地方,又称为天池。

在森林深处,有叫蜩的一只蝉和叫学鸠的小鸟。学鸠笑这只鹏鸟说,我们只要挥动翅膀,就能自在地疾飞而起,全不用等待起风。有时停在高树上,有时降落在地下,何必辛苦地高升至九万里,向南远飞呢?

而蜩说,如果要到近郊去,早上进了食,到了天色晚了回来,肚子还是很饱;可是要到百里以外的地方,就得准备隔夜的粮食;要到千里以外的地方,就得准备三个月的粮食。这两虫哪里会知道呢?

智力浅陋的"小知",不能了解智力渊博的"大知",寿命短的"小年"不能理解年代久远的事,以学鸠的智能又怎么知道鹏鸟的志向呢?而真正的大道,就是因为被有偏见的人所隐蔽了,才有真伪的分别。语言被浮华巧饰的人隐蔽了,才有是非的争论。

> 至道之精，窈窈冥冥；至道之极，昏昏默默

儒家和墨家都是当时盛极一时的显学，儒家以自己的观点批评墨家的不是，墨家以自己的学说指摘儒家的缺点，这些是非争论，都是由于彼此的"成心"（主观）。如果要泯除是非对立的界限，以本然观照对立的观点，这样一来，是非对立的争议就可消除了。

## 历久弥新说名句

语言是个人表情达意的工具，是人与人之间沟通的管道。既然是彼此沟通的工具，只要能充分表达个人观点，就已达到沟通的目的，过多的花言巧饰，反而成为沟通的障碍。

西洋格言赞美懂得在适当场合能够不说话的人，是"沉默是金"。中国俗语，也说"言多必失"。孔子对于话说得天花乱坠的人很有意见。"巧言令色"的人，是很少具备仁德的！

话说佛陀在独孤园时，曾询问如何才是"不二法门"。他的弟子一一回答，语言皆圆融无碍，文殊师利发言时，他反复的论说极力宣称唯有毫无言说，才可合于大道。就"理论"而言，文殊所言，已达巅峰。因为不可言说再怎么着力，也不可能说得更圆满了。但是，轮到维摩诘居士时，他却一言不发，垂默自照。诸位菩萨看了，大加赞叹，赞美维摩诘才是真正进入不二法门的大菩萨。

# 至道之精，窈窈冥冥；
# 至道之极，昏昏默默

## 名句的诞生

至道[1]之精[2]，窈窈冥冥[3]；至道之极[4]，昏昏默默[5]。

——在宥

## 完全读懂名句

1. 至道：即大道。2. 精：精气。3. 窈窈冥冥：形容微妙精深、恍惚渺茫的样子。窈窈和冥冥都是深邃、幽暗的样子。4. 极：极致的境界。5. 昏昏默默：模糊无声的样子。

至道的精气，幽深渺茫而不能看见；至道的极境，昏暗寂寥而不可穷究。

至道之精，窈窈冥冥；至道之极，昏昏默默

## 名句的故事

黄帝成为天子并统治天下19年了，但他心中始终对于大道有所疑问。听说崆峒山（又作空同山）的石室中，住着一位对于道很有研究的仙人广成子，于是前往拜访。

一见到广成子，黄帝即刻请问："什么是至道的精气呢？要如何使群生顺遂呢？"黄帝想要取天地的精气，助成五谷丰收以供养人民，又想要学习天地阴阳之道，设立职官以管理百姓。广成子觉得黄帝想知道的至道精气，是万物的本质。要学习的阴阳之理，是属于国家的政事，同时也是残害万物的事，都是很粗浅表面的问题。但自从黄帝统治天下以来，云气、山川、草木都不能顺着自然的循环，产生了荒乱的预兆，而以如此肤浅短视的眼光，却又怀抱着想要辩论的心情，大道要如何产生？又如何能与他讨论道呢？黄帝听了广成子的话，谦卑地告辞离开，放弃处理天下政事，筑了一间铺着白茅草的小屋子，在里头闭门思过三个月，然后再次前往拜访广成子。

这次黄帝自居下风，用谦卑的姿态跪着膝行前进，向广成子叩首再拜，请问他养生及长生的方法。广成子感到惊异，于是从原先躺卧着的姿态很快地坐起来说："这真是个很好的问题！"便与黄帝讨论何谓至道与如何养生。

广成子提到道的境界："至道之精，窈窈冥冥；至道之极，昏昏默默。"窈窈冥冥和昏昏默默，都是指心中对于至道的不可得与不可见；虽然如此，却不能说是没有，像是登高俯望千里的毫末，自然看不清楚；观察枯木死灰，自然找不到生机，然而道就是如此，必须向内体察自己的本心，才能得到。

## 历久弥新说名句

之后的道家经典中常援用这组对句，除了讨论道的状态之外，也用以说明气功的修养方法。《全金诗》中收录全真派宗主重阳真人王吉所写的诗，以及修养之道，他说："凡降心之道，若湛然不动，昏昏默默，不见万物；杳杳冥冥，不内不外，无丝毫念想，此是定心，不可降也。"降心之道即是心无旁骛，没有杂念，其中的概念便是因循着"至道之精，窈窈冥冥；至道之极，昏昏默默"的句子而来。

此外，"窈窈冥冥"和"昏昏默默"往往被单独使用，指昏暗渺茫不可见的状态。如西汉淮南王刘安的《淮南子》言："故至精之象，弗招而自来，不麾而自往，窈窈冥冥，不知为之者谁，而功自成。"后来昏昏默默则转换了意义，被用来形容脑袋昏沉不清楚的状态，如《红楼梦》第三十四回："这里宝玉昏昏默默，只见蒋玉菡走了进来，诉说忠顺府拿他之事"，描述贾宝玉在半梦半醒恍惚之间所见。

# 伯乐善治马，陶匠善治埴木

## 名句的诞生

及至伯乐，曰："我善治马。"烧之，剔之，刻之，雒¹之，连之以羁馽²，编之以皂栈³，马之死者十二三矣；饥之，渴之，驰之，骤之，整之，齐之，前有橛饰⁴之患，而后有鞭筴⁵之威，而马之死者已过半矣。陶者曰："我善治埴⁶，圆者中规，方者中矩。"匠人曰："我善治木⁷，曲者中钩，直者应绳。"夫埴木之性，岂欲中规矩钩绳哉？然且世世称之曰"伯乐善治马，而陶匠善治埴木"，此亦治天下者之过也。

——马蹄

## 完全读懂名句

1. 雒：同"烙"，烙印。2. 羁馽：马络头。3. 皂栈：马槽中用以除湿的垫木。4. 橛饰：衔口饰物。5. 鞭筴：以皮鞭使唤马匹。6. 治埴：捏黏土。7. 治木：雕刻、削木。

但到了伯乐出现之后,他说:"我会管理马。"于是用铁烧它,剪它的毛,削它的蹄,烙印上记号,且系上马络头,将它关到马槽里,马儿因此死去多达十之二三。然后将它饿着、渴着、驱驰、奔跑、训练、修饰,先有口衔饰物的祸患,然后有皮鞭使唤的威胁,马儿因此而死者大半。治陶的人说:"我善于捏陶土,让圆的合于规,方的合于矩。"木匠说:"我会雕刻,让曲的合于钩,直的合于绳。"陶土与树木的本性,难道要合于圆规方矩、曲钩直绳吗?然而世上却常说"伯乐善于管理马,而陶工木匠善于黏土雕刻",这也和治理天下之人有着一样的过错。

## 名句的故事

这篇主旨在于抨击世俗政治所造成的祸害,并鼓吹顺应自然、放任自适的纯朴天性。通篇相当具有警世之意,道家思想追求返璞归真之道,对于背离本性与外力强力雕塑之举都相当排斥,告诉后人切莫掉入人们自以为是的泥沼中。本篇名句以马喻人,庄子首先描绘马天生奔驰、自由的真性,当号称伯乐的善知马者刻意介入之后,却使得它背离天性,沦为人类豢养、装饰、驱使的生物,不再恢复其原性。作者以人们熟知的"伯乐"为讽,表面上善于治马,但其实却是扭曲马的本性,强将其转化为人所喜的面貌,如此之法,何以称善知马的伯乐呢?

庄子的反驳并非无理,世上对于伯乐的称赞几乎是一面倒的形象,认为有伯乐方能知千里马,但是真是如此吗?当我们说某

> 至道之精，窈窈冥冥；至道之极，昏昏默默

某是专门之人，究竟是站在谁的立场说话呢？这就是庄子《马蹄》篇所要提醒我们的道理。他讽刺古来所称的伯乐，就实来说仅是媚俗，为了符合俗世大众的爱好、便利，硬将马匹向往草原奔驰的自然习性，转为受饲养吃饲料、载物的工具。这种方式就好比是捏土制陶的人随其心意，将陶土捏塑为圆的、方的；或像木匠将木头锯刻成弯曲的、直的，尽管是为了人类使用方便，而非考量物的本质，木头或土壤的存在原为方即方、直则直，并不需随人意扭转。能考虑到此，才有资格说"善治马、善治埴木"。

庄子进一步指出统治人世亦是如此，能安居乐业、悠游素朴才是民之所愿，亦是统治之道。至于后世所谓的圣人制礼作乐不过是掩耳盗铃之举，他们汲汲于求仁取义，反使天下陷于争权夺利之欲，扰乱天生真性之秩序，实不可取。以天性为尊，依从自然之道，是庄子治世的最终理念。

## 历久弥新说名句

伯乐是春秋秦国一位善相马之人，原名孙阳。他对于所谓的良马自有一套标准，他认为若是一般水准之上的好马，只要筋骨皮相佳即可，但若要得天下绝伦的千里马，则必须"得其精而忘其粗，在其内而忘其外"。由于此法甚难，故韩愈才会叹道："世有伯乐，然后有千里马。千里马常有，而伯乐不常有。"世界上要先有慧眼之英雄的伯乐，才能看出哪些是千里马，不然即便周遭满是千里马，若无伯乐之慧眼，也徒徒浪费罢了。

说到伯乐便不能不提成语"伯乐一顾"。这句话典故来自《战国策·燕策二》，话说战国时期有人要卖一匹骏马，连续三个早晨都无人问津，最后只好私下拿钱去请求识马的伯乐来看一下，做点广告。伯乐看了之后，果然一传十、十传百，才一个早上马的身价就水涨船高。因此后世遂以"伯乐一顾"来形容得到名人赏识、推荐的重要性，也简称为"伯乐顾"。

　　唐代官员张九龄是玄宗朝最后一任贤相。开元之治末期，玄宗宠信李林甫，对张九龄的规劝置之不理，还将他贬到南方。当张九龄拖着疲惫的身躯返回京师，与旧有同僚相聚，写下《南还以诗代书赠京都旧寮》，云："上惭伯乐顾，中负叔牙知。"慨言当前政治乱象他已无力改善，徒伤愧对之前提拔他有如伯乐的前辈，以及过去知遇、帮助他有如鲍叔牙的朋友们。鲍叔牙与管仲是历史上著名的知己之交，管仲曾感慨："生我者父母，知我者鲍子也！"管仲后来能够辅佐春秋齐桓公，一匡天下，成就大业，都有赖于鲍叔牙知人让贤的雅量。故张九龄特地援引此典，用来感谢过去知遇提拔他的官员。

# 圣人不死,大盗不止

## 名句的诞生

圣人不死,大盗不止。虽重圣人而治天下,则是重利盗跖[1]也。为之斗斛[2]以量之,则并与斗斛而窃之;为之权衡[3]以称之,则并与权衡而窃之;为之符玺[4]以信之,则并与符玺而窃之;为之仁义以矫之,则并与仁义而窃之。

——胠箧

## 完全读懂名句

1. 盗跖:盗贼之谓也。2. 斗斛:斛,音 hú,量器。3. 权衡:秤物轻重的量器。4. 符玺:印章、印信。

圣人不死的话,大盗也不会停止。虽然需借重圣人来治理天下,但此也大大增加了盗跖的利益。制造斗斛来衡量,却连斗斛也被窃走;制作天秤来称物,却连天秤也被偷去;刻造印信来征信,却连印信也被盗走;提倡仁义来矫正,却连仁义也被偷走了。

## 名句的故事

"圣人不死,大盗不止"是《胠箧》篇的中心旨要,在绝圣弃知的道家思想中,要返回桃花源不只要去除贼盗,更要连圣人也绝弃。庄子利用《胠箧》篇述说其对世俗政治的嘲讽,圣人立法本以防范偷鸡摸狗之事端,但水能载舟亦能覆舟,专研权谋之人却反被道高一丈的谋略家玩弄。原本防止盗贼兴盛的手段,却反被窃盗者所利用,化为助力,肆意张扬,危害民众,此对道家来说,就是圣人之过了。

因此庄子即以小偷胠箧(偷开箱子)为例,认为圣人所制订之礼法,只能规范善良百姓,防不了大盗。为何那些偷窃的人会遭受刑杀,而盗国之人却反而成为诸侯,诸侯的门里就有仁义,这就是窃用了仁义和圣人的智能。于是社会流于追随大盗、拥立诸侯,盗窃仁义与种种斗斛、权衡、符玺等利益的人,即使赏赐高车冠冕也无法劝阻他们,用刑法的威吓也不能禁止他们。世上当道的正是比盗跖还恶劣的伪君子,窃用圣贤礼法,既以修饰门面,又维护自身权益。故"圣人不死,大盗不止"。

而后提到"窃国者为诸侯,诸侯之门而仁义存焉",乃呼应《胠箧》篇开首所举出之齐国田成子的事迹。田成子原为齐国大夫,原名陈恒,在春秋末年时谋害君主齐简公,篡夺了齐国政

至道之精，窈窈冥冥；至道之极，昏昏默默

权。田成子窃取的并非只是国家而已，他还违背了五伦中的君臣之义，以下犯上。成为齐国国君之后，田成子亦模仿所谓的"圣贤法治"来统治，用尧舜之圣贤面具来遮掩他以盗贼篡夺之实。因此对庄子来说，"所谓圣者，有不为大盗守者乎？"（所谓的圣人，能有不替大盗守备的吗？）尤其在政治活动里，所有污秽面都被重新包装过，矫以恩惠德义，实质却有如贼盗一般，令人不可不慎乎！

## 历久弥新说名句

盗跖是自古以来流传甚久的民间领袖，带领群众起义，其名为跖，或作蹠。由于常与当权者相抵触，古代人民无姓，统治者常贬称其为盗，故"盗跖"合称，成为大盗的代言。司马迁对于侠客义举颇表赞同，于《史记》中特辟一传专写游侠，其中最脍炙人口的莫过于大侠郭解。说到郭解这个人，就不能不提他的丰功伟业，短小精悍的他年轻时为非作歹、作奸犯科，却多有天助，逃过一劫。年长之后，郭解改过向善，自喜为侠，厚施而薄望，以德报怨，引来一群地方人士的仰慕追随，招来朝廷的注意。

当时汉武帝为了监视地方豪强的势力，故意要地方官提报占据一方的人士，且要他们举家搬迁到当时正在兴筑的陵寝附近。郭解家境原本不在武帝的诏令范围，但当地的官员觉得郭解人脉雄厚颇需小心，故将他提报上去。郭解得知后，连忙拜托大将军卫青帮他向皇帝请命。武帝却言："布衣权至使将军为言，此其家不贫！"于是郭解只好乖乖举家迁徙，但很快他又在茂陵建立势力，且得到的不仅是当地民众的喜爱，更多的是各地被强制迁来此处的富豪。此举引来朝廷的忌惮，现在已不是搬移可以解决，武帝想要的是一劳永逸。当时正好郭解的侄子犯下杀人案，御史大夫公孙弘严加办理，郭解于是展开逃亡，最后还是被朝廷抓到。于是从春秋以降的任侠之风至此衰消，不复兴盛。郭解之行就宛如盗跖一般，吸引人民目光，却容易招来当权者的猜忌。

唐代有诗史之称的杜甫，于安史之乱前夕，写下《醉时歌》赠给好友郑虔。郑虔此际正逢官运不佳，连番被贬，故杜甫写诗慰劝他不如归去！杜甫先夸赞郑虔有才过屈原、宋玉，但"德尊一代常坎轲，名垂万古知何用"！名声这种事，生不带来死不带去，流传千古亦无用。杜甫这番话不仅是劝慰好友，亦是安慰自己怀才不遇的悲哀。故"先生早赋归去来，石田茅屋荒苍苔，儒术于我何有哉，孔丘盗跖俱尘埃"。杜甫语末还是劝郑虔辞官归隐，因为不论是流芳千古的孔夫子，抑或是遗臭万年的盗跖，最后还是免不了一死，化做土泥尘埃俱灭于世。

# 盗亦有道

## 名句的诞生

故跖¹之徒问于跖曰:"盗亦有道乎?"跖曰:"何适²而无有道邪!夫妄意³室中之藏,圣也;入先,勇也;出后,义也;知可否,知⁴也;分均,仁也。五者不备而能成大盗者,天下未之有也。"由是观之,善人不得圣人之道不立,跖不得圣人之道不行。

——胠箧

## 完全读懂名句

1. 跖:原指大盗盗跖,后用以泛称盗贼。2. 何适:怎么会。3. 妄意:猜测。4. 知:同智,智能之意。

所以盗跖的徒弟问盗跖说:"盗也有道吗?"盗跖回答:"怎么会没有道呢!他要猜测屋里有没有宝藏,这就是圣;带头闯进去,就是勇;最后才出来,就是义;斟酌判断能不能下手,就是智;平均分赃,就是仁。若无具备这五样功夫而能成为大盗者,这是天下绝对没有的事。"这样看来,善人如果不懂得圣人之道便不能自立,盗跖若不懂得圣人之道便不能横行天下。

## 名句的故事

这段文字是《庄子·胠箧》篇中最脍炙人口处,将儒家五德"圣、义、智、仁、勇"之思想精华,融会贯通贬低成盗匪之道。从师傅盗跖的分析,"盗亦有道",考验这些梁上君子圣、义、智、仁、勇的素养。如何表现呢?首先要先能猜测室内是否有藏有宝物,这是圣贤的功夫;其次要有足够的勇气,带头闯进去;再来要有义气,等到最后才离开;知道可不可以下手,要靠智能判断;出去后不贪心,平均分赃则是仁义的表现。能做到这五项修行,才有资格当上大盗。乍看不禁令人莞尔一笑,故意诋毁儒家对人性正面的诉求,再加以扭曲为"盗亦有道"。这种改编手法,今日看来不足为奇,但在古代文献可是少见的幽默,歪理中蕴含巧思与趣味。"盗亦有道"于是成功蜕变为道家抵制儒家五德的方法,也受到民间的重视。至今仍时常可听闻"盗亦有道",尤其是对劫富济贫、侠义之盗的美称。

《淮南子·道应训》也同样记载着"盗亦有道"五德说法,但其所举的例子更为有趣。先秦时期楚国与齐国两国对立,楚国的将领子发特别喜欢用会术数、技道之人。有一天来了一个小

> 至道之精，窈窈冥冥；至道之极，昏昏默默

偷，愿意效忠子发，子发接到门房通知，连忙正襟衣冠、以礼接见这位梁上君子。左右侍仆对子发说："小偷是天下之盗也，为何需要待之以礼？"子发却不以为意。后来齐国果然出兵伐楚，这位偷者于是跟子发说："臣有薄技，愿为君行之。"接下来几天偷者夜探敌营，先偷得齐国将军帐幕，隔天又偷其枕头，后天偷其发簪。隔天白日小偷将他得手的物品交给子发，子发就命人归还齐国将军。一次、两次、三次之后，齐国将军不禁闻之丧胆，敌方竟然有办法一而再地混入军事重地，于是跟他部下说道："再不撤退，改天楚国要的就是我的人头了。"齐国连忙退兵。

## 历久弥新说名句

《庄子·胠箧》篇中所言之"盗亦有道"，圣、义、智、仁、勇乃为盗者需具备的修行功夫，若缺乏也成不了气候。在清代的笔记小说中有一则对于偷者功夫的描述，其言："黄昏不上宅、半夜偷弗成。"它是教人事先准备的功夫，即便是小偷也不能偷懒。因为要成为一个成功的小偷，需趁着黄昏人静之际，偷偷潜上其宅，摸清楚路线，且规划好出路，再静静观察这家子人的动静。等到半夜的时候，全家老幼一齐熟睡，才趁机登堂入室，胠其箧、攫其金而出，平安返家之后，要趁着天色未明，销赃入手。所以说准备功夫十分重要，若是黄昏时没有先混进去观察，半夜偷东西就可能失败。为什么呢？因为等小偷混进去准备大展身手之际，屋内人早已从熟睡转入浅眠，一旦有任何风吹草动，

就容易惊醒，丧失了最佳良机。即使侥幸成功，也是仓皇急遽，运气好而已。故所谓"盗亦有道"就是要前定不穷，做好事先准备。

讲到"盗亦有道"，就不能不提另一个相关典故"梁上君子"。这则典故来自于《后汉书·陈寔传》。正值东汉末年，陈寔执法严苛且正直公允。有一次，陈家来了位不知天高地厚的小偷，偷偷潜伏在木梁之上。可能是小偷技术不好，或是陈寔过于敏锐，他老早就发现窃贼的踪迹，却不形于色。陈寔只将家中子弟们集合起来，严正训示："人呀！不可以不自我要求勉励。不善之人本性未必不好，而是积习成性，才变成这样。就好像上头的梁上君子！"梁柱上的小偷大吃一惊，赶紧向陈寔请罪，陈寔最后原谅他且训勉对方，不要再做坏事。

君子之交淡若水，
小人之交甘若醴

# 相呴以湿,相濡以沫

## 名句的诞生

泉涸[1],鱼相与处于陆,相呴[2]以湿,相濡[3]以沫,不如相忘于江湖。与其誉尧而非[4]桀也,不如两忘而化其道。

——大宗师

## 完全读懂名句

1. 涸:音hé,干枯。2. 呴:音xū,呼吸。3. 濡:湿润之意。4. 非:非议。

泉水干了,原本应在水里的鱼儿被陆地困住,只能以呼出的气息与口沫互相湿润,倒不如在江湖里彼此相忘。与其赞美尧而来非议夏桀,倒不如两两相忘,归化于大道。

## 名句的故事

《大宗师》篇是庄子对于最高境界"道"的解释,所谓大宗师也者,宗大道之师也。全篇可分成几个重点,首先介绍人与自然,提出天人一体,人与宇宙息息相关的观念。其次谈人如何挣脱俗念的束缚,超脱生死,顺化迁转;最后则对道本身进行阐述,包含道体的无形、永恒与无限。

本篇名句是《大宗师》中第二个焦点,教导民众如何看待生死。庄子以水中的鱼儿为喻,述说"死生,命也"的天地大道。鱼与水是生命共同体,一旦缺水,面临生死大限之际,鱼儿们也只能苟延残喘,寄托于同类"相呴以湿,相濡以沫"的些许协助,无法享受当初相忘于江湖的自在。对于道家来说,死生皆是命中注定,仿佛日有夜旦之别,不需烦恼,更不需感到悲哀。

庄子也进一步论述,认为世间人经常夸耀尧的功绩,诋毁夏桀的暴虐无道,只会加深人对事情的执著,对修道毫无意义。"誉尧而非桀",是儒家经典中时常出现的比喻方式,原意是劝诫统治者要有民胞物与的精神,但对庄子来说,人生根本之道在于顺化,还归于原道,因此与其在这些事物上有所执念,倒不如"两忘而化其道"!

## 历久弥新说名句

"相呴以湿,相濡以沫"是庄子用来举例说明超越生死、独立超绝的大道。作者藉由面临生死危机的鱼儿相呴以湿、相濡以沫的举动,来比喻现实社会人们殷切求取的种种功名是非,与生命相比已微不足道,若放在宇宙长河来看,更是渺不可言。唯有忘却人世间的是是非非,归化于大道,才能使当下即为永恒。

"相呴以湿"、"相濡以沫"二句经过庄子巧手之后,成为后来的成语典故,含意都是比喻困难时以微小的力量互相帮助。宋代文豪苏轼曾于《和王晋卿》诗中写道:"欲书加餐字,远托西飞鹄。谓言相濡沫,未足救沟渎。"这首诗写于宋哲宗元祐元年苏轼五十一岁时,当时他于京师担任翰林学士知制诰。之前苏轼因反对变法改革被贬到黄冈,同党的驸马王诜也被远谪,此刻两人重新回到朝廷,喜相见之余,不免心生喟叹,于是互相写诗赠和,纪念他们这一段刻骨铭心的友谊。苏轼于《和王晋卿》诗中回忆过去两人种种的交往,即使后来遭贬流落异乡,他还是"怅然怀公子",几回"欲书加餐字,远托西飞鹄"来传达关怀,也感慨当时两人"谓言相濡沫,未足救沟渎",自救乏力,无法帮助对方。回顾平生"何者为福祸,不如两相忘",如今两人生还得相见,友谊得再续,不免畅意快然。

# 相视而笑,莫逆于心

## 名句的诞生

子祀、子舆、子犁、子来四人相与语曰:"孰能以无为首[1],以生为脊[2],以死为尻[3],孰知死生存亡之一体者,吾与之友[4]矣。"四人相视而笑,莫逆于心,遂相与为友。

——大宗师

## 完全读懂名句

1. 首:开头、初始之意。2. 脊:梁脊、栋梁。3. 尻:音kāo,背脊尾部之处,引申有终点、尾端之意。4. 友:动词,与人为友。

子祀、子舆、子犁、子来四个人互相说道:"谁能把'无'做头,把'生'做脊梁,把'死'做尾,能知道生死存亡是一体的人,我就与他做朋友。"四个人相顾而笑,内心同气相通,于是结成好朋友。

君子之交淡若水，小人之交甘若醴

## 名句的故事

庄子是个善于用寓言托志的高手，在本篇名句中他虚构了四个主人翁：子祀、子舆、子犁、子来。他们对于道的体悟，归结而言有三个步骤，分别由无、生、死构成，以无为首，生为枝干，死为末端，最后以体死生存亡的道贯穿三者。

庄子举例说，子舆有一次生病，容貌枯槁、曲背颓然，且步履蹒跚。子祀见了问他："会不会嫌弃自己？"子舆回答："不！怎么会呢？"对子舆来说，人体只是用来承载道的器物，故"得者，时也；失者，顺也；安时而处顺，哀乐不能入也"。子舆认为安心适时且顺应变化，人间的嗔怒苦乐自然不会置于心上，又何必为易逝的外貌感到嫌恶呢？

《庄子》一书多以说理、寓言来呈现对道的认识，其写作或许是与友朋、学生的对话语录，也许是用来说服他派。整本书的写成并非是一时一地，看似缺乏通篇的整体性，全书呈现夹叙夹议与譬喻，有时重复的语法、比喻也散于不同篇章。例如本篇之"相视而笑，莫逆于心"，类似的用法也出现在同一篇中。其载子桑户、孟子反、子琴张三人相与友，也相互说道："孰能相与于无相与？相为于无相为？孰能登天游雾，挠挑无极；相忘以生，无所终穷？"（谁能互相交往而出于无心？相助而不着痕迹？谁能超脱物化，跳跃无极之中；忘却生死，而终于无穷？）言讫，三人也"相视而笑，莫逆于心"，成为好朋友！

## 历久弥新说名句

"相视而笑,莫逆于心"一句活灵活现,宛如英雄惺惺相惜的代名词。现实生活中知己确实难寻,能够志同道合、兴趣一致确实是难得的机缘。莫逆于心,后来也作莫逆之交,或简称莫逆交,用以形容朋友间深厚的情谊。

民国作家冰心在一封给朋友的信当中,叙说自己在异乡过节的辛酸怅然。冰心望着窗外孩子们放烟火,当下不禁兴起与古人"一年将尽夜,万里未归人"的相同感慨。让冰心如此怅惘的并非身居异地,而是好友们分散海外各地。她想起过去与日本朋友交往时的点滴,当"大家拿起毛笔写汉字,拿起筷子吃米饭,一下子就相视而笑,莫逆于心"。即使当时中日关系十分紧张恶劣,她与日本友人都深信只要他们这代不断地努力奋斗,两国未来应该可以和平共处。中日两国的敌对仇恨并不影响她与日本朋友间的"莫逆"之情,毕竟人生难得几回"相视而笑,莫逆于心"的场景与感动。

# 自埋于民，自藏于畔

## 名句的诞生

孔子之楚，舍于蚁丘之浆[1]。其邻有夫妻臣妾[2]登极[3]者。子路曰："是稷稷[4]何为者邪？"仲尼曰："是圣人仆也。是自埋于民[5]，自藏于畔[6]。其声销，其志无穷，其口虽言，其心未尝言，方且与世违而心不屑与之俱。是陆沉[7]者也，是其市南宜僚邪？"

——则阳

## 完全读懂名句

1. 蚁丘之浆：蚁丘，山名；浆，卖浆人家。2. 臣妾：战国人男女多自称臣妾。3. 登极：指登上屋子最高处，即屋顶。4. 稷稷：音zǒng，人众聚集的样子。5. 自埋于民：埋，隐藏。此句谓隐于民间。6. 自藏于畔：畔，田埂。此句谓隐于田园。7. 陆沉：此处指无水而沉，喻隐者。

孔子到了楚国，住宿在蚁丘的卖浆家。他的邻人有夫妻男女都爬到屋顶观望，子路说："这里挤着一堆人要做什么？"孔子说："这些人是圣人的仆人。他自隐于民间，自藏于田园。虽然声名沉寂，志向无穷，虽有所言论，而内心却凝寂无言，和俗世相反而心不屑与世俗同流。是在尘世自隐之士，应该是市南宜僚吧？"

## 名句的故事

孔子周游列国期间，在路途中与各地的隐者也有所接触。如楚国一狂人，在孔子车后歌唱道："凤啊！凤啊！怎么你的德这般衰弱啊！已往的就不用说了，未来的还可追啊！算了！算了！当今那些从事政治的无一不是危殆之人，怎么可以与之有为呢！"孔子听了他的歌，下了车想和他说话，那人急忙避去，不和他对话。《论语·宪问》中也有人问孔子，为什么要如此恓恓惶惶，真像一佞人，专以口辩取信他人呢？孔子回答说，自己不敢做一个佞人，只厌恶做一个固执的人而已。

这显示儒家孔子与道家类型的隐者抱持不同的政治理念，即人类社会的问题，是否能经由政治的方式寻求解决？知识分子是否仅有从政的方式才能达成此一目标？孔子周游列国的经历，对其后的知识分子具有非常重大的启示意义。

君子之交淡若水，小人之交甘若醴

## 历久弥新说名句

近代著名学者林语堂先生在《吾国与吾民》里分析中国人的性格，提到中国人在成功时都是儒家，失败时都是道家；中国人身上的儒家永远在奋进不已，而身上的道家则在一旁观赏和微笑。这两种人生观，在后代知识分子身上及其作品中都显著地呈现。

虽然如此，并不是所有的隐士都出淤泥而不染，也有人假借此种方式获得俗世的名声与当政者的重视。唐朝有一叫司马承祯的道士，多次被招进朝廷，但是他无心仕途，故请求归还天台山。另外，有个朝官叫做卢藏用，早年隐居于终南山。有一次，司马承祯再度请辞归山，卢藏用就回答，终南山是个好地方，到那里隐居就可以了，何必千里迢迢回到天台山呢？司马承祯回答："据我看来，终南山是当官的快捷方式。"因为它距离京都长安很近，皇帝重臣时常要到此地烧香访道，后来人们便以"终南快捷方式"来比喻追求官位名利的便捷门径。

# 弃千金之璧，负赤子而趋

## 名句的诞生

　　子桑雽[1]曰："子独不闻假人之亡[2]与？林回[3]弃千金之璧，负赤子[4]而趋。或曰：'为其布与？赤子之布寡矣；为其累与？赤子之累多矣；弃千金之璧，负赤子而趋，何也？'林回曰：'彼以利合，此以天属也。'夫以利合者，迫穷祸患害相弃也；以天属者，迫穷祸患害相收也。夫相收之与相弃亦远矣。"

——山木

## 完全读懂名句

　　1. 子桑雽：人名，雽音hù，或作雩，音yú，隐者名。2. 假人之亡：假，国名也；亡，灭亡也。3. 林回：假国灭亡后，其逃民之姓名。4. 赤子：初生的婴儿。

　　子桑雽说："你没有听说假国人逃亡的故事吗？林回舍弃价

君子之交淡若水，小人之交甘若醴

值千金的玉璧，背着婴儿逃走。有人说：'是为了钱财吗？婴儿的价值很少；为了累赘吗？婴儿的累赘更大。舍弃了千金的玉璧，背着婴儿逃走，是为什么呢？'林回说：'我和玉璧是利的结合，我和婴儿是天性的关联。'以利而结合的，受到窘迫祸患的时候，就互相遗弃了；以天性相关的，遇到窘迫祸患的时候，就互相收留了。互相收留的和互相遗弃之间，相差得很远。"

## 名句的故事

  孔子离开祖国鲁国，以十四年的时间周游列国，《孟子·万章》记载孔子到了卫国，卫国的执政者告诉孔子学生子路，若孔子能依附于他，便可以得到卿位。孔子回答说："有命。"即对于能否得到从政的机会，应以礼义为准则，至于最终的结果如何，自有天命，不应靠关系、走后门。

  而在《庄子》中，孔子的亲故学生在其遭遇窘迫时离他而去，引起"君子之交淡若水，小人之交甘若醴"的感慨。朋友有"君子"、"小人"之交的分别，主要在于友情是以真实的情感或一时利益为基础的不同。君子之交淡如水的原因，在于其交往时互敬互重，是细水长流，故不会断绝。而因利益吸引而互相结合的朋友关系，虽如甜酒般甘醇诱人，但结果是让人陷入沉醉而不能自拔。

## 历久弥新说名句

　　汉人翟公于文帝时的曾任廷尉一职。在他当官时，每天拜访他的客人很多；被贬官后，则门庭冷落，几乎门可罗雀。待其复职后，从前的宾客又纷纷上门，于是他在大门上贴上一张纸："一死一生，乃知交情。一贫一富，乃知交态。一贵一贱，交情乃见。"可见在贫贱富贵的交替过程中，最可看清人情世态的炎凉。

　　清康熙年间，文人吴兆骞因罪被流放东北。他的朋友顾贞观想将他赎回来过几天安定日子。顾贞观叩拜达官贵人为赎金集资，同时还想请结有权势的纳兰容若帮忙，但纳兰容若对顾贞观提出的要求难于点头。顾贞观只得拿出他为思念吴兆骞而写的词作《金缕曲》给纳兰容若看，其词云："季子平安否？便归来，平生万事，那堪回首。行路悠悠谁慰藉，母老家贫子幼。记不起、从前杯酒。魑魅搏人应见惯，总输他、覆雨翻云手。冰与雪，周旋久。泪痕莫滴牛衣透，数天涯、依然骨肉，几家能够？比似红颜多命薄，更不如今还有。只绝塞、苦寒难受，廿载包胥承一诺，盼乌头马角终相救。置此札，君怀袖。"词句表达了人间朋友的至情，终于说服纳兰容若。而顾、吴二人间感人的珍贵友情，也因此流传后世。

# 君子之交淡若水，小人之交甘若醴

## 名句的诞生

君子之交淡若水，小人之交甘若醴[1]；君子淡以亲，小人甘以绝[2]。彼无故以合者，则无故以离。

——山木

## 完全读懂名句

1. 醴：美酒。2. 绝：断绝。

君子的交情淡薄如水一般，小人的交情却甘美如甜酒；君子淡薄却亲切，小人甜蜜却容易断绝。所以凡是没有缘故而结合的，往往也没有缘故就离散。

## 名句的故事

《山木》篇主要写人世间种种患害，其原因在于人性，也在于欲念与短视，因此庄子特地以九个故事寓言来说明如何免于患害。"君子之交淡若水，小人之交甘若醴"出于其中第五节，孔子问道于子桑雽。孔子一生不得志，周游列国寻找能识千里马的伯乐。然而不论走到哪还是一无所获，因此他请教隐士子桑雽，为何他的经历如此坎坷。子桑雽安慰他："君子之交淡若水，小人之交甘若醴"，甜美的不一定是好，君子之交虽然淡薄但是"亲"，与小人交往虽然甜蜜，但何时将断裂却不一定。

子桑雽的开导让孔子恍然大悟，不再拘泥于眼前亲友之情的羁绊，豁然开朗。这篇故事假托孔子为名，其实内容却反讽着儒家对学生谆谆教诲的执溺。于是孔子才会寻求隐居之士指点迷津，最后还放弃他固来主张的"礼不可废"，放弃师严道尊的崇敬态度。事实上这种说法并不符合经典记载中的孔子形象。孔子最引人注目之处即在于他对于古礼的坚持拥护，"礼"包罗万象，上至个人修养、下至举手投足无一不在其中。

## 历久弥新说名句

"君子之交淡若水，小人之交甘若醴"词义，最早出于《礼记·表记》，原文为"君子之接如水，小人之接如醴；君子淡以成，小人甘以坏。"《表记》即是孔子教导学生何谓君子之道。孔子主张所谓君子是不以词章达人，而是能以实际行动来帮助对方，君子间的交往亦如是，可淡薄如水、以身相交。小人则不一样，他善于言辞、夸饰行为，当下虽能让对方感到宾至如归、受到重视，

## 君子之交淡若水，小人之交甘若醴

却不是出于真诚，很容易就腐坏。《礼记》也说："与君子游，如入芝兰之室，久而不闻其香，则与之化矣；与小人游，如入鲍鱼之肆，久而不闻其臭，则与之化矣。"芝兰之室与鲍鱼之肆，芬芳与腥臭宛若天壤之别，也是君子与小人交游最大的差异。

唐代曾流传一则轶事，贞观年间平定东北的大将薛仁贵，返回京城之后被太宗封为平辽王。消息传开之后，朝廷的高卿贵士纷纷上门祝贺，薛仁贵秉于谦虚推辞大家赠送之礼品，他唯一收下的礼物是来自王茂生的美酒两坛。王茂生在薛仁贵未功成名就前，不嫌弃地热络资助他，此恩此德特别让薛仁贵牢记在心。然而，当薛仁贵打开王茂生送来的礼物，发现里面装的并非是美酒，而是清水。这是因为当时王茂生贫寒买不起美酒，也是特地用来提醒薛仁贵"君子之交淡若水"。不愧是知己，薛仁贵一看果然知道王兄用意，这则轶事佳话也就因此流传下来。

# 彼游方之外者也，
# 而丘游方之内者也

## 名句的诞生

子贡反[1]，以告孔子曰："彼何人者邪？修行无有，而外其形骸，临尸而歌，颜色[2]不变，无以命之，彼何人者邪？"孔子曰："彼游方之外[3]者也，而丘游方之内者也。外内不相及，而丘使女往吊之，丘则陋[4]矣。"

——大宗师

## 完全读懂名句

1. 反：返回。2. 颜色：脸色、表情。3. 方之外：以方代指礼教方域之外。4. 陋：固陋、鄙野。

子贡回去之后，将这件事情告诉孔子，说："他们是什么人呀？居然不用礼仪修饰德行，且赤裸裸地表现于外，竟然对着尸

君子之交淡若水，小人之交甘若醴

体唱歌，而脸色不变，实在令人无以言之，他们究竟是哪种人啊？"孔子回答："他们是游于礼教方域之外的人，而我是游于礼教之内的人。方域之外和方域之内彼此互不相关，而我竟然叫你去吊唁，这是我的疏漏啊！"

## 名句的故事

此故事发生在子桑户、孟子反、子琴张三位莫逆之交的身上。这三人因为喜好观念相近，故结为挚友。但不久之后子桑户就过世了，还没有下葬前，孔子听到消息，连忙要弟子子贡前去协助丧事进行。子贡到子桑户家里，却见号称为死者密友的孟子反与子琴张一个在编奏乐曲，一个在弹琴，且同声合唱着："子桑户啊！子桑户啊！你已经归还本真了，而我们还在人间尚未解脱啊！"场面堪称和乐欢愉，因此惹来子贡的质疑与震惊。

若依照儒家规范，人们需根据与死者亲疏远近的关系为之服丧，最长达三年，最短的也要三个月。这种琐碎细节向来为道家诟病，因此庄子于此篇故事中，故意针对此讽刺子贡乃世俗鄙见之人，无法参透孟子反、子琴张超脱生死的行为。

## 历久弥新说名句

在春秋战国时期，不只儒家对于丧礼有所主张，本应超凡入圣的道家、提倡兼爱非攻的墨家也有提倡节葬，都对人死之后该如何处置表示意见。儒家虽无直接提倡厚葬，但也要求依礼行事，按照身份阶级隆重处理。节俭素朴的墨家则认为葬礼不需奢华，薄葬即可。道家最为潇洒，对他们来说生死只是循环反复，有生就有死，死亡更是一种归返的路程，故不需为此哀伤难过，反而该为死者感到高兴，因为他们回到宇宙原始状态了。

  魏晋时期竹林七贤之一的名士刘伶，肆意放荡，对于死也甚为洒脱，他常常搭乘着鹿车，提着一壶酒，旁边跟着拿着锄头的仆人。因为刘伶常言："死便埋我"，死了就随地埋葬即可，因为他已经放浪形骸，飘逸遨游一世间了。刘伶对死亡的超脱，深受道家思想的影响。生命无常的慨然，也常常反映在古代诗文当中，如《古诗十九首》第十一首写道："人生非金石，岂能长寿考，奄忽随物化，荣名以为宝。"人的生命不像金石般永恒，哪有长寿不死的？只能随着万物造化顺然而行，但只有这样还是不够，人还是得追求生时的"荣名"，亦即荣耀。但到十三首时又言："人生忽如寄，寿无金石固。万岁更相送，贤圣莫能度。服食求神仙，多为药所误。不如饮美酒，被服纨与素。"这是典型的今朝有酒今朝醉，既然人生短如朝露，转眼即逝，求食炼丹又不可信任，不如就多喝美酒，快乐度日。

# 同类相从,同声相应

## 名句的诞生

同类相从,同声相应,固天之理也。

——渔父

同类相求,同声相和,许多同类事物之间互相存在相互感应作用,这是自然的规律。

## 名句的故事

在《庄子·徐无鬼》中描述了声音共振的现象:"于是为之调瑟,废于一堂,废于一室,鼓宫宫动,鼓角角动,音律同矣。"是说在堂室放置着瑟,拨动一弦发宫音时,其他相应的弦也随之振动发出宫音。由此而领悟出"同类相感,同声相应"的道理,并认为这是事物固有的属性,是"固天之理"。这种认识被古人普遍接受,成为一种基本的音乐常识。《吕氏春秋》、《淮南子》、《春秋繁露》和《史记》等都用这种观点解释声音共振现象。基于对大量声学现象的观察思考,古人逐步从感性经验提升为初步的理性认识,由原本单纯的物性之理,提高为做人处事的人生哲理。司马迁在《史记·伯夷列传》说:"同明相照,同类相求。""云从龙,风从虎,圣人作而万物睹。"意思都是说志趣相同的人自然会结合在一起。

## 历久弥新说名句

由"同类相从,同声相应"去反向思考,若是不同类不同声,就如同孔子所说:"道不相同,不相为谋。"志向目标不同的人,不能共谋于事。

有一次,孔子在路途中迷了路,看见田中有两个隐士长沮和桀溺在耕田,就叫子路去问路。长沮问子路说:"那位站在车上握着马鞭的是谁?"子路回答:"是孔丘。"长沮再问:"是鲁国的那位孔丘吗?"子路回答:"是。"接着,长沮故意不回答子路所问的问题,却意有所指地说:"这位孔丘先生应该是位'知津'(知道路的人)。"说完就没有再理会子路。

子路只好再向桀溺请教。桀溺也劝子路说:"现在天下这么纷扰不安,你们要和谁去改革它呢?与其跟着逃避坏人的人,为什么不跟着我们逃避整个社会的人呢?"子路问路碰了一鼻子灰,回来报告孔子。孔子说:"我们既然不可以同飞禽走兽合群共处,若不同人群打交道,又同什么去打交道呢?如果天下太平,我就不会同你们一道从事改革了。"此即孔子说的"吾非斯人之徒"。

还有另一个道不相同的案例，楚国的隐士接舆一边唱歌一边经过孔子的车子，说："凤兮！凤兮！何德之衰？往者不可谏，来者犹可追。已而，已而！今之从政者殆而！"孔子下车想要和接舆讲话，他却赶快避开，孔子无法和他交谈。所以，尽管面对当时纷乱的局势，孔子仍企图改变这个政局，是个有所作为的人，与这些隐者是不同类、不同道的人。所以这些隐者也都不愿与孔子攀谈论说。

# 士有道德不能行,惫也;
# 衣弊履穿,贫也,非惫也

## 名句的诞生

贫也,非惫¹也。士有道德不能行,惫也;衣弊履穿,贫也,非惫也,此所谓非遭时²也。王独不见夫腾猿乎?其得柟梓豫章³也,揽蔓其枝而王长⁴其间,虽羿、蓬蒙⁵不能眄睨⁶也。及其得柘棘枳枸⁷之间也,危行侧视,振动悼栗⁸,此筋骨非有加急而不柔也,处势不便,未足以逞其能也。

——山木

## 完全读懂名句

1. 惫:委靡、疲倦。形容精神极度疲困的样子。2. 非遭时:生不逢时,遭逢不能伸展抱负的时代。3. 柟梓豫章:统指高大的树木。柟,难。4. 王长:自大、称雄。王,音wàng。5. 羿、蓬蒙：羿是后羿，蓬蒙是后羿的弟子，皆为古代善于射箭的人。6. 眴眽：音 miǎn nì，斜视、轻视。7. 柘棘枳枸：统指有刺的树木。柘，zhè。8. 悼栗：害怕到发抖。

我是贫穷，不是疲惫。读书人不能实践道德理想，才叫做疲惫；穿着破旧衣鞋，是贫穷，而不是疲惫，这是生不逢时啊！大王难道没有看过跳跃的猴子吗？当它处在枏、梓、豫、章这些大树时，拉着树枝称雄的模样，就算是后羿、蓬蒙这样的射箭手也不能轻视它。当它处在柘、棘、枳、枸这些有刺的树木时，就要小心走路、顾前顾后，还会害怕到发抖，这并不是它的筋骨变得僵硬不柔软，而是所处的情势对它相当不利，无法表现它的才能啊！

## 名句的故事

庄子前去见魏王时，身上的粗布衣服是补了又补，鞋子则是开了一个大洞，还用麻绳绑住继续穿在脚上。在魏王的眼中，庄子的形象实在有些狼狈不堪，所以才问庄子何以弄得一身疲惫神态？庄子辩称自己穿着破旧叫做"贫"，不可称为"惫"，他认为真正的惫是"士有道德不能行"，也就是读书人怀抱治世理想，却不幸遇上昏君乱臣的时代，当然随处可见神情疲惫的人。此话正是暗讽魏王并非明君，以致有志之士无处发挥其才能。

庄子又举猴子攀树的本能为例，当猴子身处高大的树上，一副神气活现、跳跃自如的模样；可是当它置身多刺的树丛，只能步步为营，甚至怕到不停发抖。这是因为高树让猴子得以伸展攀树的长才，多刺的树木让猴子完全无计可施，造成前后"情势"不同的结果。

庄子除欲表明自己生逢乱世"时局"之外，也希望当时士人认清所处的环境，若处在对自己不利的"时"与"势"之下，绝对不要轻举妄动、强行出头，以免遭到刑戮的伤害。如同商朝被纣王剖心的比干，就是因劝谏纣王而被杀，后代士人怎能不引以为鉴呢！

## 历久弥新说名句

《史记·滑稽列传》出现一位和庄子同样贫穷的人——东郭先生，他的头脑也相当机灵。司马迁在《史记》里这样形容东郭先生："贫困饥寒，衣敝，履不完。行雪中，履有上无下，足尽践地。道中人笑之。"这位东郭先生的衣服和鞋子都破了，走在雪地里，鞋子只剩上面一截，下面完全没有鞋底，两只脚底光溜溜地踩在雪地上，路上行人看了都在嘲笑他。

有一天，这个衣衫褴褛、脚无完鞋的东郭先生，竟当街拦下刚刚打赢匈奴、立下彪炳战功回来的卫青坐车，卫青叫人把车子停住。东郭先生向前小声地对卫青说，汉武帝正宠爱一位王夫人，但王夫人家里非常贫穷，如果卫青肯将汉武帝所赏赐的一千斤黄金，分送一半给王夫人的父母亲，相信汉武帝知道后一定会

君子之交淡若水，小人之交甘若醴

很高兴。这就是所谓的"奇策便计"。

卫青回去果真将一半的赏金，献给王夫人的父母亲，王夫人告诉汉武帝这件事，汉武帝找来卫青，问说是谁替其出的计策，卫青照实说出是东郭先生，汉武帝下令诏见东郭先生，为了奖励他深谙自己的心意，即任命他做"郡都尉"。过去那些嘲笑东郭先生贫穷的人，看到东郭先生显赫了，全都争相过来归附他。

司马迁最后以"相马失之瘦，相士失之贫"一语作结，意即相马的人因马瘦而看走了眼，相士因看人贫穷而看错了人。司马迁认为东郭先生正是一位"衣褐怀宝"的人，所以千万不要用外表的贫富贵贱，来判断一个人内在真才啊！

# 唇竭则齿寒

## 名句的诞生

天下之善人少而不善人多，则圣人之利天下也少而害天下也多。故曰，唇竭[1]则齿寒，鲁酒薄而邯郸围，圣人生而大盗起。掊击[2]圣人，纵舍[3]盗贼，而天下始治矣。夫川竭[4]而谷虚，丘夷[5]而渊实。圣人已死，则大盗不起，天下平而无故矣。

——胠箧

## 完全读懂名句

1. 竭：无、亡之义。2. 掊击：抨击、打倒。3. 纵舍：释放。4. 川竭：川流枯竭。5. 丘夷：丘陵夷平。

天下的善人少而不善的人多，所以圣人有利于天下的少而危害天下的多。因此说嘴唇没了牙齿便感到寒冷，鲁国的酒淡薄而让赵国首都邯郸被围，圣人所生之地却是大盗所起之处。唯有打击圣人、释放盗贼，天下才得以太平。就好像溪谷空了，河流便干枯，丘陵夷平，深渊便被填满的道理一样。圣人死了，大盗就不会兴起，天下便会太平无事了。

## 名句的故事

庄子以"唇竭则齿寒"两者相互依存的例子说明圣人与大盗间的关连。作者认为圣人生所以大盗起，故唯有圣人死，大盗才会平息。为进一步说明，文中举鲁酒薄而邯郸围为例。

话说在一次会合诸侯的场合上，各国来的诸侯莫不献上自家最好的贡品，鲁国君主恭公不仅迟到且献上的酒也不醇厚，楚宣王因而觉得不满。鲁恭公知道后，却也不畏却，直言："我乃周公的后代，行的是天子礼乐之道。今天为你送酒已僭越礼仪，你还怪我酒不好，这不是太过分了吗？"于是拂袖离去。楚宣王气诘不已，于是出兵攻打鲁国。原本此事根本不关赵国的事，但另一野心家梁惠王从以前就很想攻打赵国，但畏惧于楚国可能援救而作罢，然而现在正逢楚鲁两国相争，自顾不暇，梁惠王于是趁机围攻赵城邯郸。因此庄子道"唇竭则齿寒"，原本鲁与赵国互为生死攸关，今鲁国破，赵国也跟着遭殃。

庄子所谓"唇竭则齿寒"之意，等同成语"唇亡齿寒"，但故事来源不同。"唇亡齿寒"典故来自《左传》，春秋时期晋国想借道虞国攻打虢国，当时虞国大夫宫之奇向国君建言："虢，虞之表也；虢亡，虞必从之。晋不可启，寇不可玩。一之为甚，其可再乎？谚所谓'辅车相依，唇亡齿寒'者，其虞、虢之谓也。"意思是说，虢国与虞国是互为屏障，虢国灭亡，虞国也必定不保。晋国盗寇扩张的野心不可助扬。一次借道已经够了，怎可再来第二次？谚语说："面颊与牙床相依，亡唇齿必寒"，就是指虢国与虞国的情形吧！

不论是"唇竭则齿寒"、"辅车相依"或"唇亡齿寒"，都是比喻两者关系密切，是利害与共之生命共同体。

## 历久弥新说名句

宋朝武将最为人所熟悉的莫过于韩世忠、岳飞一辈，但在他们之前北宋尚有一大将，即素有"夜叉"之威名的王德。王德字子华，通远军熟羊砦人，以武勇效身军师，所向无敌。一次他单枪匹马、手到擒来敌方太师，当皇帝宋钦宗质问阶下囚时，对方畏畏缩缩吐出："臣就缚时，止见一夜叉耳。"于是"王夜叉"之名号不胫而走，王德的显赫战功也从此而立。但匹夫难敌时势狂潮，宋朝后来还是偏安南迁。当金人从合肥过江入侵江南时，朝廷中有人建议弃守江淮移重兵转守南岸，但王德反对。他说："淮者，江之蔽也，弃淮不守，是谓唇亡齿寒也。"且金人远从千里而来，若砍断其粮饷运送，必可夺其气脉，抢得先机。王德于是请益当前锋，越江攻敌，果真如其所料，后来金人就不敢轻易率兵南下。

老庄思想中还有一句与口腔器官有关的成语，其为"齿亡舌

君子之交淡若水，小人之交甘若醴

存"，典故出自汉代刘向《说苑·敬慎》。话说有一次老子的师傅常枞生了重病，老子赶忙去探病，说："先生疾甚矣，无遗教可以语诸弟子者乎？"常枞答："子虽不问，吾将语子。"（你就算不问，我也要告诉你。）之后他张开嘴巴要老子看，看他满口无牙只剩下柔软的舌头。常枞于是问老子："子知之乎？"（你明白了吗？）老子点头回答："夫舌之存也，岂非以其柔耶。齿之亡也，岂非以其刚耶？"亦即是柔能克刚的道理。常枞听了非常满意，叹道："天下之事已尽矣，何以复语子哉？"（天下的道理都被你说尽了，我还有什么可以教你呢？）后世遂以"齿亡舌存"来比喻刚强者容易遭受摧折、柔软者却能常保安泰的道理。

得鱼忘筌；
得兔忘蹄；
得意忘言

# 惠施多方,其书五车,
# 其道舛驳,其言也不中

## 名句的诞生

惠施多方[1],其书五车[2],其道舛驳[3],其言也不中[4]。

——天下

## 完全读懂名句

1. 多方:指各方面的学问都有涉猎。2. 五车:形容书多。此指惠施的著作很多。3. 舛驳:杂乱不纯。舛,音 chuǎn。4. 不中:不恰当、不合适。

惠施各方面的学问都有涉猎,他的著作有五部车那么多,他所讲的道理驳杂不纯,他的言论也很不恰当。

## 名句的故事

惠施,即惠子,曾担任梁惠王的宰相,也是庄子的好友,但两人对事理的看法却大不相同。惠施是名家的代表人物,擅长诡辩,从他与庄子的"濠梁之辩",针对"鱼乐"展开一场精彩对话,即可见惠施他无处不辩、无人不辩的功力。平日他广泛接触各类学问,再加以旁征博引,使他面对不同学说,便能灵活运用不同观点,产生不同的判别标准,在与不同人对话时,也能善于用言语迷惑对方心理,甚至直接攻击、压制对方的论述。

惠子自以为高明的言论,在庄子看来,只能屈服人的言辞,却无法使人心悦诚服,如同一个人和自己的影子竞走,根本毫无意义可言!尽管惠子的著作丰富,但全是驳杂、不合适的道理。在春秋战国讲求政治、道德价值的各家学派中,惠子的议论,显然不符合多数人的需要,顶多拿来与人"抬杠"耍嘴皮。惠子的所有著作,后来也全都亡佚,没有一部流传下来,人们仅能靠着诸子各家书籍,找到有关惠子在世的言论。

不过,今观惠子之说,其实他是一位重逻辑、思辨的学者,比如他提出"天与地卑,山与泽平"的观念,在他看来,天和地是一样的低卑,山和水一样的齐平,两者并无高低之分。当时"天高地平"、"山高水深"对众人是普遍常识,也是眼睛看见的事实,所以觉得惠子的话是无稽之谈。但人若能跳出地面观察,

得鱼忘筌；得兔忘蹄；得意忘言

就会发现天和地、山和水不都一样是平的吗？只能说惠子真是生错时代了。

## 历久弥新说名句

　　古代的书籍都是以竹简编成，搬动时必须用车子载运，所以才会出现以"车"为衡量书多寡的单位。《庄子·天下》中所言"其书五车"，本在批评惠子尽写驳杂、不切实际的文章，数量多到有五部车。而"五车"到后来被用来形容人书读得很多、学问渊博的意思，如"学富五车"、"日诵五车"等语。

　　唐代诗人杜甫，其七言律诗《柏学士茅屋》末联写道："富贵必从勤苦得，男儿须读五车书。"这是诗圣晚年在夔州（今四川奉节）所写的作品，当他经过为了躲避安史之乱，弃官到夔州隐居的"柏学士"住所，看到对方虽然住在简陋的茅屋里，但家中藏书甚多，教育子弟也非常用心。向来勤学不倦的杜甫，忍不住题了这首诗在柏学士的墙壁上，一方面是赞叹柏学士的家庭教育，另一方面也为了指点后生勤勉向上、认真读书。"其书五车"到了后人笔下，已转成是勤奋读书、知识丰富的代名词了。

# 非梧桐不止,
## 非练实不食,非醴泉不饮

## 名句的诞生

庄子往见之,曰:"南方有鸟,其名为鹓鶵[1],子知之乎?夫鹓鶵,发于南海而飞于北海,非梧桐不止,非练实[2]不食,非醴泉[3]不饮。于是鸱[4]得腐鼠,鹓鶵过之,仰而视之曰:'吓!'[5]今子欲以子之梁国而吓我邪?"

——秋水

## 完全读懂名句

1. 鹓鶵:音 yuān chú,凤凰之类的鸟。2. 练实:竹子的果实。3. 醴泉:用美酒比喻甜美的泉水。4. 鸱:音 chī,猫头鹰。5. 吓:威吓的声音。

庄子得知消息后,亲自去面见惠施,对他说道:"南方有一种鸟,名叫鹓鶵,你知道吗?鹓鶵从南海出发,飞到北海,不是梧桐的树他不栖息,不是竹子的果实他就不吃,不是甜美的泉水他就不喝。一次鸱觅食到一只腐烂的老鼠,鹓鶵刚好飞过,鸱仰起头驱赶示威地对着他叫。现在你也打算用你的梁国来威吓我吗?"

## 名句的故事

惠施担任梁惠王的宰相,庄子到梁国找他。旁边的人向惠施说:"庄子来,很有可能是将要取代你为丞相。"惠施听了之后感到相当的惶恐,于是在国内搜了三天三夜找寻庄子。庄子得知之后说了本篇的这番话。

惠施相梁自以为贵,危言耸听,认为庄子此次到来将对其权位有所危害,故派人搜索梁城三天三夜。此举不仅是名利之争,也足见惠施与庄子抱负之不同。惠施就如同庄子贬喻中的"鸱",好不容易找到腐坏的食物,欣喜之余,却发现上头还有一只更大的"鹓鶵"飞过。鸱担心不已,赶紧发出低吓的声音想要让对方害怕逃跑,然而它却不知道人家岂会看中它嘴边那只腐臭的老鼠呢?庄子用"鹓鶵"来比喻自己高超有则,岂会因为世俗眼中的利害,忘却鸿鹄之志呢?

庄子以鹓鶵自喻,以鸱得腐鼠来嘲笑惠施看重世俗名利,后世遂以"鸱得腐鼠"、"鸱争腐鼠"、"争腐鼠"等比喻小人以卑贱之物为珍,难以揣度君子之腹。

## 历久弥新说名句

《史记·陈涉世家》记载着大家耳熟能详"燕雀安知鸿鹄之志"的故事。陈涉是秦朝末年民间第一个揭竿起义的壮士,虽然反抗秦王暴政并没有成功,但陈涉的勇敢与识略,却让司马迁赞佩不已,因此将他写入史书。陈涉年少时出身寒微,帮人耕田,一日当他举着锄头耕种于田垄,忽然感到一阵怅然,难道自己一辈子就这样子过了吗?久久他才对左右仆佣叹道:"苟富贵,毋相忘。"若有朝一日飞黄腾达,必不忘大家。不料这话却引来一阵嘲笑,陈涉叹息说:"嗟乎,燕雀安知鸿鹄之志哉?"感叹你们这些苟安的麻雀哪里晓得鸿鹄的壮志呢?

张晓风书写关于树木的散文中,也提到梧桐树。作者说当他看见高耸坚挺的梧桐树时,跃入脑海的第一个印象即是庄子所言:"夫鹓鶵发于南海而飞于北海,非梧桐不止,非练实不食,非醴泉不饮。"他一想到这里就十分地兴奋,也爱上那非梧桐不止的鹓鶵,其高洁与不苟于乱世的逸风令人敬佩。"非梧桐不止,非练实不食,非醴泉不饮",非常适合我们立为座右铭,人们需要取法乎上,在一辈子当中寻找自己栖息的梧桐树。

# 终身役役而不见其成功,
# 苶然疲役而不知其所归

## 名句的诞生

一受其形,不亡以待尽[1],与物相刃[2]相靡,其行尽如驰,而莫之能止[3],不亦悲乎?终身役役[4]而不见其成功,苶然[5]疲役而不知其所归[6],可不哀邪?人谓之不死,奚益!其形化,其心与之然。可不谓大哀乎?

——齐物论

## 完全读懂名句

1. 不亡以待尽:形容常驻不变而等待耗尽。2. 刃:比喻矛盾。3. 止:停止。4. 役役:形容劳苦不休。5. 苶然:苶,音mié。精神不振,疲倦之极。6. 所归:归宿。

人一旦得到禀受,便会成为形体,有了形体,就不应当参与外界的变化，直到形体自然消亡为止。而人们却任其与外物互相戕害，互相折腾，任其消亡有如奔马一样，简直没有什么办法能使它们停止下来，这样，不也很可悲吗？终身劳苦奔波，却看不见他有什么成功，一辈子疲惫困顿，却不知道自己的归宿，这样还不悲哀吗？

## 名句的故事

人在天地间产生之后，虽然不会立即死亡，但是若不知爱惜节制，身陷七情六欲的诱惑，外在的世界不断地变动，而人也不断地穷于应付，时时受到外物的支配折磨，终生在身不由己的劳苦奔波之中，虽然说形体没有死亡，但是又有什么意思呢？

所以，庄子说："哀莫大于心死，而身死次之。"意思是人最悲哀的事莫过于心死，而身体的死亡反而是次要的。

## 历久弥新说名句

在《红楼梦》第一百十七回中，有一段贾宝玉与和尚的谈话，那贾宝玉对和尚说："弟子请问师父可是从太虚幻境而来？"那和尚道："什么幻境，不过是来处来、去处去罢了。我是送还你的玉来的。我且问你那玉是从哪里来的？"宝玉一时对答不来。那和尚笑道："你的来路还不知，便来问我。"宝玉本来颖悟，又经点化，早把红尘看破，只是"自己的心里未知"，一闻那僧问

得鱼忘筌；得兔忘蹄；得意忘言

起玉来，好像当头一棒，便说："你也不用银子了，我把那玉还你罢。"那僧笑道："早该还我了。"

王国维说："所谓'自己的心里未知'者，不知生活乃自己的一念之误，而此念是自己所造成。及宝玉听闻和尚所说的话，始才知道此不幸的生活是因为自己的欲望，但是这个欲望既无法摆脱，自己也无法控制，所以才有还玉之言。所谓'玉'者，就是'欲'的意思，也就是生活之欲望之代表而已。"

在希腊神话里，西西弗斯受到天神宙斯的惩罚，每天从早上到傍晚，汗流浃背地把一块巨石推上山，直到巨石停在山顶不动，他才能休息。但是当他一松手，巨石又滚落到到山脚下，于是他又开始推石上山。这样的苦力周而复始，日复一日，没有尽头。哲学家卡缪指出，西西弗斯的命运代表了努力的徒劳与无望，而这正是人生的写照。

# 莫寿于殇子,而彭祖为夭

## 名句的诞生

天下莫大于秋毫¹之末,而泰山为小,莫寿于殇子²,而彭祖为夭³,天地与我并生而万物与我为一,既已为一矣,且得有言乎?

——齐物论

## 完全读懂名句

1. 秋毫:动物到了秋天更换新毛,比喻最小的细毛。2. 殇子:人生下来还在襁褓中就死了,叫做殇子。3. 夭:短命的人。

天下没有比秋毫的末端更大的东西,而泰山却是小的;没有比未成年死去的人更长寿的,而活八百岁的彭祖却是短命的早亡者。天地万物都和我们同生于无,都与我同为一体。既然已经说过合为一体,还能再说什么呢?

得鱼忘筌；得兔忘蹄；得意忘言

## 名句的故事

常人以泰山为大，但与天地四海比较起来，它就显得极其渺小；常人以秋毫之末为小，但与感官不能觉察、极细微的东西比较起来，也就显得十分巨大了。常人羡慕彭祖有八百岁，以为是高寿了，但与上古的大椿树以八千岁为春，八千岁为秋，相比就显得短命；常人以殇子早亡，但与蜉蝣相比就显得长寿了。每一样东西都大于比它小的东西，也小于比它大的东西。事物的"大小夭寿"都是在有限的时空中比较出来的，若从无穷的时空观来看，事物性质的所有差别都只有相对的意义。

所以，人若能从恒久长存的宇宙来看人间一切死亡或利害，便对人间的一切产生新的看法，也就不再对人生的一切有任何执著了。物的大小、人的寿夭标准都是相对的，宇宙间一切事物的标准，都是相对的，没有绝对的。一般人总以为人是很伟大的，又如四海、中国，也是很伟大的。四海对天地仿佛罍空（小洞穴）对大泽。中国对大海仿佛一粒米对大米仓，从相对的观点来看，一切都显得很渺小了。所以，事物只有相对而没有绝对的。

## 历久弥新说名句

"天地与我并生而万物与我为一"这种达观超然的态度，是一种崇高的理想，却不是人人都可以轻易做得到的。

东晋时代，王羲之便在《兰亭集序》中说"固知一死生为虚诞，齐彭殇为妄作"，意思是说本来知道把生死并列的说法是不真实的，把长寿和短命并列的说法是妄造的。这种反应，也相对呈现当时人计较寿命长短、爱生恶死的常情本性。

唐代因为佛学的盛行，白居易因为接触了佛学，而有不同的体认，在《赠王山人》中，曰"彭殇徒自异，生死终无别。不如学无生，无生即无灭"。无论是长寿或夭折，最后总化尘土，唯有修习佛法，进入不生不灭的涅槃境地。

公元前5世纪，希腊有位哲学家普罗泰戈拉，他不相信有客观的真理，后来的人称他为怀疑主义或怀疑论者。他主张："人是万物的尺度，它存在时，事物存在；它不存在时，事物不存在。"事物的存在是相对于人而言的。人的感觉怎样，事物就怎样；对同一事物的感觉，因人因时而异，这些不同的感觉并无真假是非之分。这句话把人的感觉提升到一个至高无上的位置，你感觉到的东西，它就在，你没有感觉到的，它就不在。但是，这样的论点，让每个人决定万物的尺度多样，于是当人们意见分歧时，就没有可依据的客观真理判断对或错了。

# 得鱼忘筌；得兔忘蹄；得意忘言

## 名句的诞生

筌[1]者所以在鱼，得鱼而忘筌；蹄者所以在兔，得兔而忘蹄[2]；言者所以在意，得意而忘言。吾安得夫忘言之人而与之言哉！

——外物

## 完全读懂名句

1. 筌：捕鱼的网。2. 蹄：捕兔的器具，用来绊兔的脚。

渔网的目的是捕鱼，有人捉到鱼后便舍弃渔网；捕兔兽具的目的是抓兔子，有人抓到兔子后便丢下捕兽器；字句言词的目的是传达思想，有人了解意思后便可以忘记文字。我怎能遇到可以忘记文字的人而和他谈谈呢？

## 名句的故事

　　文中得鱼忘筌、得兔忘蹄,捕到鱼就忘记渔网、抓到兔就丢掉捕兽器,后人便用这两句成语形容一个人达到目的之后,就忘记当初赖以成功的方法。这与"过河拆桥"的意义很类似。

　　而"得意忘言"这句话是庄子真正要表达与探究的重点。文字语言之于思想,就是一种"工具",一旦掌握文字语言传达出来的思想、意境,就无须拘泥在文字语言上,根据其意涵尽情发挥,人才能够活得豁达逍遥、无拘无束。换句话说,"得意忘言"就是体悟的境界,体悟一个道理之后,语言反而成为一种障碍。

　　魏晋时代的玄学大师王弼,曾说:"夫象者,出意者也。言者,明象者也。"(《周易略例·明象》)有"意"才会有"象","象"是景象或事物的外表,而"言"就是来阐述事物的外表。所以他又说:"故言者所以明象,得象而忘言;象者所以存意,得意而忘象。"因此,语言就是用来说明事物的外表,了解事物之后,就可以把语言文字忘记;事物的外表为了显它所内含的意义,掌握意义之后,就无须在乎事物的外貌了。这就是王弼有名的"得意忘象",意思是说,不拘泥于事务的表象而得其深意。

## 历久弥新说名句

　　明朝《荆钗记》中有一小段:"愿他独占魁选,荣显。母妻

## 得鱼忘筌；得兔忘蹄；得意忘言

封赠受皇宣，门楣显，姓名传。得鱼后，怎忘筌？"意即高中状元后，母亲、妻子都可以受到册封，门第也会显赫，姓名也会被传诵，一个人岂能够抓到鱼就忘记渔网呢？

魏晋时期，"得鱼忘筌"更成为人们探究佛理中重要的修行功夫。《高僧传》记载："自经典东流，译人重阻，多守滞文，鲜见圆义。若忘筌取鱼，始可与言道矣。"意思是说，很多人在读佛经的过程中，过于在字面上锱铢必计，而无法掌握经文的真正意义，因此抓到义理后就舍弃字句的片面解释，才可以悟道呀！这也是中国本土起源的禅宗追求的"顿悟"之道，"得意忘言"才能够把握机锋之所在。

五柳先生陶渊明有首《饮酒诗》，其中说："采菊东篱下，悠然见南山，山气日夕佳，飞鸟相与还，此中有真意，欲辨已忘言。"陶渊明在东篱下采菊，由于十分投入，当抬头时，已看到夕阳西下的南山，看到飞鸟也将归巢，整幅画面似乎欲言又止，因为作者的心灵已经与身旁的大自然融为一体，想要多做点解释，仿佛又过多赘词，所以说："此中有真意，欲辨已忘言。"

# 予恶乎知说生之非惑邪

## 名句的诞生

予恶¹乎²知说³生之非惑邪!予恶乎知恶死之非弱丧⁴而不知归者邪也!

——齐物论

## 完全读懂名句

1. 恶:音wū,如何,怎么。与第二个恶同义,第三个恶念做wù,当动词,厌恶的意思。2. 乎:语助词。3. 说:同"悦",喜欢。4. 弱丧:年幼时流落异乡。

我怎么知道贪恋生存的不是一种迷惑,而害怕死亡不就像小时候流落在异乡而长大了却不晓得回归故乡吗?

得鱼忘筌；得兔忘蹄；得意忘言

## 名句的故事

有一次，庄子到楚国去时，看到路旁有一具干枯的骷髅。有点感叹地对他问道："先生，你是因为生前违反法度，被人杀死的吗？还是因为国家灭亡，被人害死了呢？是因为生前行为不当，怕连累家人的名誉自杀的吗？是因为穷困，受冻饿死的吗？是因为寿命尽了，应当死的吗？"庄子说完这一席话，便把骷髅拿了过来当枕头睡。

到了半夜，庄子梦到骷髅对他说道："先前你的谈话，滔滔不绝地很有辩士的口吻。但是你所说的，都是活人的累赘，死了哪还有这些。死了之后，上面没有人君，下面没有臣子，也没有春夏秋冬四时的转变。放纵而没有拘束，把天地的长久当做自己的年岁。即使有天子的快乐，都不能更进于此啊！"庄子不相信，说："我命令掌管生命的神使你的形体复活，骨肉再造，肌肤重生。使你和你的父母妻子团聚，重回你的故乡，和你的朋友相会，你愿意吗？"骷髅听了，皱着眉头说："我怎能舍弃天子般的快乐，而回复到人间的劳苦呢？"

## 历久弥新说名句

有"西方的孔子"之称的苏格拉底说，如果死后就像做梦一样地睡着了，那么死是一件幸福的事。当苏格拉底受到迫害遭判处死刑时,他与学生诀别说:"死亡是一种永恒的安息,一种甜蜜无争之乡,那里只有永恒的遗忘,而没有人间的迫害、痛苦、受伤和失望,那是人类通往天堂的必经之路,是通往上帝宫殿的走廊。"虽然,苏格拉底和庄子是两个世界的人,可是他们对于死亡的看法,却有若干相同的观点。

在公元前四世纪时,雅典有一位哲学家伊壁鸠鲁,他认为死后灵魂就消散,就不再有感觉。因此只要扫除一切不朽的思想,破除灵魂不朽的观念,人们对死亡的恐惧便可消失。不管我们活着或死去,对我们都没有影响,如果我们活着就无须恐惧死,因为生命仍为我们所珍视,如果死去,我们也无须恐惧,因为恐惧即是活人意识的表现。所以只要我们存在,死亡便不存在,死亡存在,我们便不存在,故我们和死亡永不碰头。

伊壁鸠鲁将自己的思想总结为一具"哲学的药柜",里面装有"四种草药":"神不足惧,死不足忧,祸苦易忍,福乐易求。"

# 去小知而大知明,去善而自善矣

## 名句的诞生

仲尼曰:"神龟能见梦于元君[1],而不能避余且[2]之网;知能七十二钻[3]而无遗筴[4],不能避刳[5]肠之患。如是,则知有所困,神有所不及也。虽有至知,万人谋之。鱼不畏网而畏鹈鹕[6]。去小知而大知明,去善而自善矣。"

——外物

## 完全读懂名句

1. 元君:即宋元君,宋国国君,名佐,谥号元。2. 余且:人名,渔夫。3. 钻:古代占卜方式之一,先钻凿,再烧灼龟甲,使其产生裂纹,据裂纹以预测吉凶。4. 无遗筴:筴,通"策"字。计算吉凶,毫无失算。5. 刳:音kū,剖开,挖空。6. 鹈鹕:水鸟名。

孔子说："神龟能托梦给元君，却不能躲避余且的渔网；智能能占七十二卦没有不应验的，却不能避免被杀的祸患。这样看来，则它的智能也有困穷的时候，神灵也有不及的地方。纵使有最高的智能，也需要万人共同来谋划。鱼不怕渔网却怕鹈鹕。人能弃除小知，大知才明，去掉自以为善则善自显。"

## 名句的故事

在中国传统习俗中，对鬼神等灵异现象的兴趣与信仰是非常普遍的。古人尝试用各种方式以得知事物现象背后可能存在的规律，祈求能逢凶化吉，而占卜便是最常见的方式。在中国古代文化中，龟是传说中的四种祥兽之一。《礼记·礼运》："麟凤龟龙，谓之四灵。"相传，麟是兽中之王，凤是禽中之王，龟是介中之王，龙是鳞中之王，它们的出现都是吉兆。古人认为乌龟是一种长寿又通灵的动物，甚至可以活至上千年，故又称之为神龟或灵龟，并以龟甲作为占卜的材料。

然而如同此故事里，乌龟亦因为它的这种功用，为自己招来了杀身之祸。龟甲是否真正具备此种神奇的预知力量，能够算无遗策，其能力仍有所局限。意即牵涉到自身利益时，关心者乱，仍有所不足之处。也许古人认为冥冥中自有天意，虽然人能借助某种方式预知天意，但仍然无法去改变它。故道家庄子提醒我们，人类理性知识有其限制。

得鱼忘筌；得兔忘蹄；得意忘言

## 历久弥新说名句

　　《西游记》中记载一故事，泾河龙王和一个算卜先生打赌，为了在赌局中争胜，不顾天庭下达下雨时辰及雨量多寡的命令，结果触犯天条，罪该问斩。玉帝任命魏征为监斩官。泾河龙王为求活命，向唐太宗求情。太宗答应了，到了问斩的时辰，便宣召魏征与之对弈。没想到魏征下着下着，打起瞌睡。太宗心想这样也好，也算应承与龙王的约定。没想到魏征魂灵升天，还是将龙王斩了。龙王抱怨太宗言而无信，日夜在宫外呼号讨命，害太宗睡不安稳。

　　太宗告知群臣，大将秦叔宝便说："愿同尉迟敬德戎装立门外以待。"那一夜果然无事。太宗因不忍二将辛苦，遂命巧手丹青，画二将真容贴于门上。后代人相沿下来，于是，这两员大将便成为千家万户的守门神。在这个故事中，龙王与神龟面临同样的问题，即是其知虽有所知，但终极而言，其知仍有不足。

# 吾守形而忘身，
# 观于浊水而迷于清渊

## 名句的诞生

庄周曰："吾守形而忘身，观于浊水而迷于清渊。且吾闻诸夫子[1]曰：'入其俗，从其令。'今吾游于雕陵而忘吾身，异鹊感吾颡，游于栗林而忘真，栗林虞人以吾为戮[2]，吾所以不庭也。"

——山木

## 完全读懂名句

1. 夫子："夫子"是尊称，相传庄周师老聃，故称老子为夫子。但此乃寓言故事，故无须指实。2. 戮：音lù，侮辱。

庄周说："我为了守护形体而忘了自己；观照浊水反而对清渊迷惑了。我曾听先生说：'到一个地方就要顺从那里的风俗习惯。'现在我到雕陵游玩而忘了自身，异鹊碰到我的额角，飞到

得鱼忘筌；得兔忘蹄；得意忘言

栗树林里而忘了真性，管园的人辱责我，所以我感到很不愉快。"

## 名句的故事

相传庄子曾做过宋国蒙县的漆园吏，类似今日政府中的低阶公务员，却也因此有机会多与天地大自然接触。

庄周之所以不愉快，是因为三天前到雕陵的栗园游走，看见一只怪异的鹊鸟从南方飞来，翅膀有七尺宽，眼睛直径有一寸长，碰到庄周的额角而停在栗树林中，于是庄子提起衣裳快步走过去，拿着弹弓窥视它的动静。这时看见一只蝉，靠着美叶荫蔽而忘了自身安全；有只螳螂隐蔽着身子而捕住了它，但螳螂因为捕获猎物而忘了自己的形体；异鹊从后乘机攫取螳螂，但也因只顾贪利而丧失了真性。庄周看了有所警惕，说："唉！物类相互为害，都是因为两者互相召引贪图所致！"于是扔下弹弓回头就走，管园的人以为他偷栗子追赶责骂他。

我们常用"螳螂捕蝉，麻雀在后"来比喻人眼光短浅，只贪图眼前的利益而不顾后患，而此语的典故最早出自《庄子·山木》。蝉、螳螂、鹊鸟三者形成一食物链的关系，而且都因为安于眼前的利益，而忽略背后可能存在的危险。庄子手拿弹弓，原本想要打下鹊鸟，但在目睹此一因果关系后，引起他对于人类存在处境的深思。不管是蝉、螳螂、鹊鸟，或是守园的人，都因为把它者当成自己攫取、捕捉、提防的对象看待，所以"见得而忘其形"、"见利而忘其真"，而只有把自己融入万物的存在之中，让自己的素朴之心贯通于万物之中，才能够守真保身。

## 历久弥新说名句

东汉末年天下大乱，著名学者马融为生计所困，在《后汉书·马融传》里曾感叹地说："古人有言：'左手据天下之图，右手刎其喉，愚夫不为。'"因为生命是非常可贵的，为了贪图未得的利益而断送自己的生命，再愚笨的人也不会去做。但是，正如《史记·货殖列传》所言："天下熙熙，皆为利来；天下壤壤，皆为利往。"又有多少人能真正毅然舍去富贵名利的追求呢？

晋人陶渊明亦曾因家计贫困而出仕，但因不能忍受官场的黑暗，最后选择辞官归隐，他在著名的《归去来兮辞》的序文中说道："饥冻虽切，违己交病。尝从人事，皆口腹自役。于是怅然慷慨，深愧平生之志。"生活上的饥饿寒冷虽然痛苦，但使自己的心志受口腹之欲驱使，比生理上的苦痛更为折磨啊！

# 钩绳规矩，绳约胶漆

## 名句的诞生

且夫待钩绳规矩[1]而正者，是削其性者也；待绳约[2]胶漆而固者，是侵其德者也；屈折礼乐，呴俞[3]仁义，以慰天下之心者，此失其常然也。天下有常然。常然者，曲者不以钩，直者不以绳，圆者不以规，方者不以矩，附离[4]不以胶漆，约束不以纆索[5]。

——骈拇

## 完全读懂名句

1. 规矩：古时用以画圆、画方的工具。2. 绳约：即绳索。3. 呴俞：呴，音xǔ，呼气，吹气。呴俞，指爱怜抚育的动作。4. 附离：离，丽古字通用。附丽即依靠。5. 纆索：三股合成的绳索。

需要钩、绳、规、矩来修正的，却损伤了事物的本性；需要绳索胶漆来固着的，却侵蚀了事物的本然；用礼乐来周旋，用仁义来劝勉，以安慰天下人心的，却失去了事物的本然状态。天下事物有它的本然真性。这本然真性即是曲的不用钩，直的不用绳，圆的不用规，方的不用矩，粘合的不用胶漆，捆缚的不用绳索。

## 名句的故事

庄子认为宇宙万物是一体的，皆是由一气所化成，并不认为有一造物主，如天、帝或神的存在。人亦是万物之一种，人有人的标准，万物亦各自有其标准，庄子认为人应去除以人之标准衡量万物之习惯，顺应万物之自为变化，不复加以外力，不复施以作为。这即是道家常言的"自然"观念。

在此一观念下，庄子不认为人世间需要有兴教化（仁义道德）与立法度（礼乐政治）的必要。因为所谓教化与法度，都是悬举一标准，要求人人能符合此标准，并有人出而领导一切，以向往达此标准，限制勿偏离此标准。如此一来，反成为一种束缚多余，而且戕害人性，因其非人性所本有。

《庄子·应帝王》中有一故事，南海的帝王叫"倏"，北海的帝王叫"忽"，中央的帝王叫"浑沌"。倏与忽觉得浑沌待他们很好，想要报答他，便说人有"七窍"，用来看、听、饮食、呼吸，唯独他没有，便试着为浑沌凿七窍。一天凿一窍，到第七天浑沌

得鱼忘筌；得兔忘蹄；得意忘言

便死了。在庄子看来，儒家强调的仁义道德、礼乐教化，都是凿七窍的多余之事，最终对人性都是有害的。

## 历久弥新说名句

魏晋时期的知识分子中，有著名的"竹林七贤"，阮籍是其中之一。他的邻居有一妇人开店卖酒，风姿绰约，阮籍因为爱喝酒，常到她的店里跑，喝得酩酊大醉，就躺在妇人身边呼呼大睡。

阮籍认为人不假外求，任其真性，自然能够达到仁、义等道德规范。言行不矜乎名教，并非刻意非毁名教。阮籍的母亲病故，噩耗传来时，他正在下棋，下完一局，才起身放身痛哭，出殡日还哭到吐血，表现出真挚的情感。所以魏晋时期有部分知识分子以放恣情性为适，甚至裸体者。乐广便笑说："名教中自有乐地，何为乃尔也？"意思便是说：礼教中自有能让人快乐的地方，何必这样呢？

道家的思维方式，强调人的真本性，也许有值得我们参考之处。

# 知遇而不知所不遇，
# 知能能而不能所不能

## 名句的诞生

山林与？皋壤[1]与？使我欣欣然而乐与！乐未毕也，哀又继之。哀乐之来，吾不能御，其去弗能止。悲夫，世人直为物逆旅耳！夫知[2]遇而不知所不遇，知能能而不能所不能。无知无能者，固人之所不免也。夫务免乎人之所不免者，岂不亦悲哉！

——知北游

## 完全读懂名句

1. 皋壤：水泽边地。皋，音 gāo。2. 知：一般认为这里的"知"为衍文，应删去。

山林啊！水边啊！使我欣然愉悦。欢乐尚未终止，哀伤却又接着到来。哀伤或欢乐的到来，我不能抗拒，它们的消失，我也

得鱼忘筌；得兔忘蹄；得意忘言

不能阻止。可悲啊！世人只是万物流转的客舍罢了！知道自己所遭遇之事，却不知道自己不会遭遇之事。能够做能力所及之事，却不能做能力所不能及的事。无法全知，无法全能，本来就是人所不能避免。想要避免人所不能避免的事物，岂不可悲吗？

## 名句的故事

本篇出自《知北游》的最末一节，叙述颜渊询问孔子："无有所将，无有所迎"《不须有所送，不须有所迎》之意，孔子答道：古人面对外物变化，内心能够寂然不变。但今人，内心流变不停，却不是随着外物的变化而变化。能够随顺外物变化的人，内心必然寂然纯一，不会有所偏移，心与天地万物合一，像韦氏、黄帝、有虞氏、汤武等人都有他们养心的殿所。而世间所谓的君子，儒墨一辈以是非好坏来相互诋毁。就更别说当今的世人了。其实，圣人与物相处，人不伤物，物不伤人，彼此无所伤害。人无法全知，无法全能，这是人的极限。因此，不要强行造作，去言去为，顺其自然，游刃有余。

## 历久弥新说名句

本文中"哀乐之来，吾不能御，其去弗能止"，悲喜的来去，非人所能抗拒，这是生之为人不得不然的悲哀。相对而言，范仲淹《岳阳楼记》中，所谓的"不以物喜，不以己悲，居庙堂之高,则忧其民;处江湖之远,则忧其君",则是侧重意图超越个人的悲喜际遇,以天下苍生的福祉为己任,以至于出现"先天下之忧而忧,后天下之乐而乐"流传古今的名句。

然而,"世人直为物逆旅",世人仅只是万物流转的短暂客舍。这种悲哀,在李白《春夜宴桃李园序》中,则藉由"夫天地者,万物之逆旅。光阴者,百代之过客",呈现了人在天地万物间的渺小短暂,因此感发李白及时行乐之念。

作家汪曾祺《随遇而安》一文中说,他当了一回右派,是三生有幸,否则他的一生将更加平淡。"文革"期间,他被归类为右派,因此被判下放到农村劳改。此后,又在思想钳制下,担任北京剧团的编剧,前后历经二十余年的心智折磨,然而,他的精神状态还算不错。有人问他是怎么走过来的,他答道:"随遇而安"。作家丁玲说她被判为右派到北大荒劳改,是"逆来顺受",她觉得太苦涩了。她说:"'随遇而安'更轻松一些。'遇'当然是不顺的境遇,'安'也是不得已。不'安'又怎么着呢?既已如此,何不想开些。"汪曾祺半生忧苦,还能够知所遇,安于所遇,尽管"不知所不遇",终究还是领悟到某种生命的真谛。

# 两喜必多溢美之言，两怒必多溢恶之言

## 名句的诞生

丘¹请复以所闻："凡交近则必相靡²以信，远则必忠之以言，言必或传之。夫传两喜两怒之言，天下之难者也。夫两喜必多溢美³之言，两怒必多溢恶⁴之言。凡溢之类妄⁵，妄则其信之也莫⁶，莫则传言者殃。故法言曰：'传其常情，无传其溢言，则几乎全。'"

——任诞

## 完全读懂名句

1. 丘：孔子的名。此为孔子的自称。2. 相靡：相随、相互往来。3. 溢美：过分的赞美。4. 溢恶：过分的责备。5. 类妄：近似虚构、妄诞。6. 信之也莫：无法相信。

我再把自己听到的告诉你:"各国交往,邻近的国家一定要靠信用相互来往,距离远的国家一定要用诚恳的言语交往,以言语结交则必须有人传达。传达双方君喜怒的言辞,是天下最难的事。双方国君高兴时,必会虚增许多赞美的话,双方国君愤怒时,必会添加许多责备的话。凡是增添的话一定近似虚构,虚构的话无法让人相信,不相信则传话的人就遭殃了。所以,古代格言说:'要传平实的话,不要传那些多余的话,这样才能保全自己。'"

## 名句的故事

庄子引用叶公子高奉楚王之命,出使齐国前与孔子的一段对话。

庄子意在强调,"言语"乃一切风波的来源,传达言语必有其得失。人活在世上,需依赖言语作为沟通,但吊诡的是,言语却无法充分表达人的心意,这也道出人处在"人间世"的矛盾为难。一般人与人之间,经常因第三者的"溢言",产生许多不必要的误解,何况两国君主进行沟通,全得仰赖使臣来执行。由此可知,使臣的应对技巧,攸关两国君主的喜怒,日后也足以影响两国百姓能否有安和日子。不可"言过其实",才不致让自己卷入政治风暴之中。

得鱼忘筌；得兔忘蹄；得意忘言

## 历久弥新说名句

《庄子·人间世》中"溢美"与"溢恶"之言，皆指因个人喜恶而衍生的多余言辞。后来出现一句成语"掩恶溢美"，意思是尽力去掩盖某人的过失，并努力去宣扬其优点，这正好说明人性的通病：喜欢听赞美的话，厌恶听到任何的批评与指责。

东汉思想家王充，其《论衡·齐世》中云："方今圣明，承光武，袭孝明，有浸酆溢美之化，无细小毫发之亏。"其意是说，如今的皇上（章帝），承袭其祖光武帝以及父亲明帝的圣德，即使和曾在酆宫大会诸侯的西周康王相比，只有更加的美好，全然没有丝毫的逊色。

此乃王充颂扬当时皇上汉章帝之语，言其不仅因循东汉开国皇帝光武帝所传下的昭昭圣德，甚至连历史上著名的"成康之治"也难以与章帝相提并论。东汉章帝虽是一位力图有所作为的国君，但纵容外戚专权，导致东汉日后逐步走向衰亡之途。很显然，王充称颂汉章帝的美好德行，看来是一番"溢美"之辞。

# 大而无当,往而不反

## 名句的诞生

肩吾问于连叔[1]曰:"吾闻言于接舆[2],大而无当,往而不反。吾惊怖其言,犹河汉而无极[3]也,大有径庭[4],不近人情焉。"

——逍遥游

## 完全读懂名句

1. 肩吾、连叔:这两人据说都是古代的贤人。2. 接舆:相传是春秋时楚国的隐士姓陆名通,接舆是他的字。3. 河汉而无极:比喻言语大而无当,空泛不切实际。4. 大有径庭:两者截然不同,相去甚远。

肩吾问连叔说:"我听说接舆的言论,常常会过分夸大而不适当,有去无回、不着边际。我对这样的言语很惊讶,就好像黄河汉水一样没有边际,言行不相符、不合乎常人之情理。"

得鱼忘筌；得兔忘蹄；得意忘言

## 名句的故事

相传肩吾、连叔都是古代的贤人。有一次，肩吾向连叔提起，他不欣赏楚国的隐士接舆他那种不切实际的言论。

接舆说，姑射山住了很多仙人，有一个神人，祂的肌肤非常的雪白，性格文静婉约就像未出嫁的少女。这位神人不吃五谷，只吸清风、饮用露水，乘着云气驾驭飞龙，四处遨游。祂的道气可以使万物不受伤害、年年丰收。

因肩吾认为接舆是个猖狂、说话不踏实的人。连叔听了后却说："我们无法告诉眼瞎的人花纹的斑斓美丽，无法向聋子形容钟鼓的声音；然而何止是在身体上有残缺，智能上也有呀。这就好像在说你一样！"

连叔认为肩吾无法了解接舆所说的话的含义，所以认为人家的话有问题、不足采信。

## 历久弥新说名句

谈到接舆这个人，不得不提起《论语》中有名的记载："接舆歌凤"。话说孔子周游列国之行来到了楚国，孔子的座车从接舆身边经过，此时接舆正在唱歌："凤兮凤兮，何德之衰？"凤就是指孔子。古人以为天下有道，凤凰才会出现，孔子这只凤凰却在无道之世继续推展政治抱负，可见其德行之衰败呀！这是接舆讽刺孔子的故事。后人则是用"接舆歌凤"比喻政治局面混乱未明,且有隐退之意。

《唐书·房管传》记载一则"大言无当"的故事。房管虽然历任唐玄宗、唐肃宗的两朝宰相,但是他看不起默默无名或是没有文采的官家,房管为宰相时任命贺兰进明为"摄御史大夫",所谓的"摄"就是代理的意思。贺兰进明受到这个官职后,心有不甘,在答谢唐肃宗的时候,特地把自己的官衔念得很慢。唐肃宗一听便说:"我告诉房管任命你为正式的御史大夫,怎么会是代理呢?"

贺兰进明便告了房管一状:"方唐中兴,当用实才,而管性疏阔,大言无当,非宰相器。"唐朝刚从安史之乱中恢复,应该拔擢真正有能力的人,但是房管就像是晋朝谈玄时期一样,喜欢发表不切实际的空论,不见得是真才实学,这样的人恐怕不是做宰相的料呀!果真,唐肃宗听信谗言,渐渐疏远房管。这里的"大言无当"与"大而无当",有异曲同工之妙。

# 视而可见者,形与色也;
# 听而可闻者,名与声也

## 名句的诞生

　　世虽贵之,我犹不足贵也,为其贵非其贵也。故视而可见者,形与色也;听而可闻者,名与声也。悲夫,世人以形色名声为足以得彼之情[1]!夫形色名声,果不足以得彼之情,则知者不言,言者不知[2],而世岂识之哉!

——天道

## 完全读懂名句

　　1. 情:实也。2. 知者不言,言者不知:见今本《老子》第五十六章。知"道"的人无须多说,多说的人并不知"道"。

　　世人虽然重视书籍,我却以为并不足贵,因为所珍贵的并不是真正可贵的。因此,可以看得见的,是形和色;可以听得见的是名和声。可悲啊,世人以为从形色和名声就可以得到事情的真相!假如形色名声果真不足以确知事情的真相,那么知道的人不说,说的人却并不知情,但世人又怎么能了解呢!

## 名句的故事

《庄子·天道》记载另一则寓言故事,可以和此处阐述的道理互相参证。桓公在堂上读书,轮扁在堂下制车轮,问桓公在读什么书。桓公回答说是"圣人"之言。但如同制轮的技术一样,轮扁认为其中奥妙之处,就算是对他的儿子也无法口传言授,而如今圣人已死,他所无法传授的道理也随之消逝,如此我们所读的书,不是仅是糟粕吗?

《庄子·外物》也有类似的说法:"筌者所以在鱼,得鱼而忘筌(捕鱼的竹器);蹄(捕兔子的器具)者所以在兔,得兔而忘蹄;言者所以在意,得意而忘言。"都是在提醒我们语言文字所可能存在的限制,不要完全拘泥在语言文字之上,而忘记他们仅具有媒介的功用,真正重要在于理解其中所要传达的意旨。若不能有此认识,便会执著于语言文字之上而流于穿凿附会,歪曲原意。

《韩非子》一书曾提及,先秦诸子,尤其儒墨二家,都喜欢传述尧舜的事迹,但彼此间的说法存在差异,尧舜都已死去,无法复生,谁能确定各家所传述关于尧舜的事迹都是真的呢?在接受他人传递的讯息时,保持谨慎质疑及小心求证的态度,是先秦诸子立言的可贵精神。

得鱼忘筌；得兔忘蹄；得意忘言

## 历久弥新说名句

《论语》记载孔子学生宰予在大白天睡觉，不认真学习，孔子觉得失望，并承认自己对学生的认识不够，感叹地说："始吾于人也，听其言而信其行；今吾于人也，听其言而观其行。"可知要真正了解一个人，仅听其言语是不够的，尚要观察其人是否能言行相符。

宋代文学家苏轼《题西林壁》诗云："横看成岭侧成峰，远近高低各不同。不识庐山真面目，只缘身在此山中。"提醒我们有时会陷入事物环境中，以致只见局部，不能得知全貌。可见在我们可以听闻的语言文字中，虽然传达了非常多的讯息，但要如何了解言说者的意旨，存在许多的障碍。尤其处在今日信息爆炸的时代，各种传播媒体时时刻刻都在传递不同的讯息，虽然讯息的取得相对便利，但更需要我们花费大量时间精力去分辨讯息的价值与可信度，才不致淹没于大量的语言文字中，永远无法求得事物的真相。

# 大浸稽天而不溺，
# 大旱金石流土山焦而不热

## 名句的诞生

　　之人也，之德也，将旁[1]万物以为一，世蕲乎乱[2]，孰弊弊焉[3]以天下为事！之人也，物莫之伤，大浸稽天[4]而不溺，大旱金石流、土山焦而不热。是其尘垢粃糠，将犹陶铸[5]尧、舜者也，孰肯以物为事。

——逍遥游

## 完全读懂名句

　　1. 旁：旁又作"磅"，磅，有广大、混同等义。此处指后者。2. 世蕲乎乱：蕲，即"祈"，期求。乱，或作常义解，或反训为"治"。3. 弊弊焉：疲困的样子。4. 大浸稽天：大浸，大水；稽，至，及也。此句意谓大水滔天。5. 陶铸：用土做胚模以造器。比

得鱼忘筌；得兔忘蹄；得意忘言

喻造就人才。

那个神人，他的德量，能够混合万物为一体，人世喜爱纷扰，他怎么肯劳碌自己去管世间的事呢？这种人，外物伤害不了他，洪水滔天也不会溺毙，大旱使金石熔化、土山枯焦，他也不会感到炎热。他的尘垢糠，便足以造成人世的尧舜，他怎么肯纷纷扰扰以俗物为务呢！

## 名句的故事

此名句出自连叔与肩吾的对话。肩吾问连叔说："我听接舆谈话，觉得他的话大而无当，有去无回。我对他的言论感到惊惧，好像银河一般漫无边际，实在相距太远，不合人情。他说：'在遥远的姑射山上，住了一个神人，他的肌肤犹如冰雪一般洁白，容态有如处女一般柔美；不吃五谷，吸清风饮露水为生；乘着云气，驾御飞龙，遨游于四海之外。他的精神专一凝聚，能够让万物不受灾害，谷物丰熟。'所以不相信他。"之后，连叔才以无法和瞎子共赏文采、与聋子共赏钟鼓作为比喻，点出神人的差异所在。

《逍遥游》里记载关于姑射山的"神人"，是至今可考关于古代神仙思想的最早记录，与鬼神观念不同，重点不在强调死后世界的存在，想不死成仙必须要离开人世，到达另一世界。《庄子》一书中的"神人"则因具有大智得道而不同于众人，并不祈求到达彼世,或强调长生不老之益处。此寓言故事里的神仙是入世类型的仙人,所以姑射山的神人虽有诸多神奇不同凡人之处,仍有"陶铸尧舜"的一面。

## 历久弥新说名句

　　道家的神人观念,本指一种绝世离俗的生活,其后逐渐变成寻求长生不老的神仙思想,成为秦汉以后中国本土"道教"的基本信仰。不仅帝王将相,连普通老百姓也有成仙的向往。

　　《全后汉文》中的《仙人唐公房碑》记载,汉代人唐公房拜一仙人为师,获得神药。后来他触怒了太守,太守想逮捕他和他的妻子,唐公房乃向其师求救。仙人便和他一起回家,也拿仙药给唐公房的妻子吃。但他的妻子恋家不忍离去,于是乃用仙药涂屋柱,给家中牛马六畜吃。不久便有大风玄云来,迎接唐公房和妻子、屋宅、六畜,一起飞升。这个故事显现中国人的宗教观念,具有某种程度的入世性格,即期望具有神仙的神通及长生,却又不愿舍弃人世间的种种生活享受。故寻求长生不老,多在于期望能永久享有人世的物质生活。

# 形固可使如槁木，
# 而心固可使如死灰乎

## 名句的诞生

　　南郭子綦¹隐机²而坐，仰天而嘘³，荅焉⁴似丧其耦⁵。颜成子游⁶立侍乎前，曰："何居⁷乎？形固可使如槁木⁸，而心固可使如死灰乎？今之隐机者，非昔之隐机者也。"

　　子綦曰："偃，不亦善乎，而问之也！今者吾丧我，汝知之乎？"

——齐物论

## 完全读懂名句

　　1. 南郭子綦：南郭子綦，子綦是人名，南郭则是居住地。古人常以居住地区为号，冠在名字之前。2. 隐机：凭几。3. 嘘：吐气为嘘。4. 荅焉：荅，音 dá；荅焉，相忘貌。5. 耦：同

"偶",匹对之意。6. 颜成子游:颜成为复姓,名偃字子游。7. 何居:何故。8. 槁木:干枯的树枝。

南郭子綦凭着几案而坐,仰着头向着天空缓缓吐气,浑然忘我进入超越的世界。弟子颜成子游侍候于跟前,问道:"怎么一回事?形体安固可以使人如干枯的树枝,心灵平静可以像熄灭的灰烬吗?您今日凭案而坐的神情和从前并不一样。"

南郭子綦回答:"偃,你问的很好。今天的我摒弃了偏执,你知道吗?"

## 名句的故事

《齐物论》篇主旨在于肯定世间所有事物的独特意义与价值,包含人与物的齐等,万物之间的平等。通篇分为七大节,首章即是本篇名句,藉由隐士南郭子綦与弟子颜成子游的对话,揭述"吾丧我"的境界。即去除成见、扬弃偏执,从以我观物,跃升到以道观物。南郭子綦,子綦是人名,南郭则是居住地。古人常以居住地区为号,冠在名字之前。子綦凭几而坐,仰天吐纳,神情忘我,在一旁侍候的弟子颜成子游感到惊异,才问老师为何今日神情不同以往。

子游敏锐的观察与疑问得到老师肯定。南郭子綦指出这其中差别正在于观物的角度,一般人仅能做到尽量客观、摒除我见,但那还是不够的,会像子游所言行固如槁木,但心固未能如死

得鱼忘筌；得兔忘蹄；得意忘言

灰。故唯有免去自我，连偏见也不需存在，才能以道来观物，进而让心固如死灰，进入丧我的境界。南郭子綦为了更清楚说明，后面还举出天籁、地籁、人籁的例子。人籁是由人吹竹乐器所发出的悦耳声音；地籁是地面上各种窍孔发出的声响；天籁者则由自然之风所吹出，经窍孔散发的各种天然音乐。南郭子綦举此三籁来传述悟道的层次，由人籁、地籁到天籁，依序达到以道观物之目标。

## 历久弥新说名句

"槁木死灰"后来就变成形容一个人心境宛如枯木与燃烧过后寂灭的灰烬，平静沉寂，再也燃不起火花。

清代曹雪芹所写的《红楼梦》，因人物形象的精心塑造与心境细腻的琢磨，使这本书成为经典，且扬名国际。全书环绕在女儿国度中，将明清时期女性大门不出、二门不迈的闺阁世界淋漓尽致地描绘。曹雪芹笔下的女儿们个性鲜活，各有各的特色，又以十二金钗最为鲜明。然而在红楼当中有一位女性贯穿全书，但却隐微不显，容易让人忽视其存在，就是李纨。她嫁给贾珠为妻，贾珠却不幸早逝，独留一子。曹雪芹是这样介绍李纨的："这李纨虽青春丧偶，且居处于膏粱锦绣之中，竟如槁木死灰一般，一概无见无闻，惟知侍亲养子，外则陪侍小姑等针黹诵读而已。"作者带着略微嘲讽的口吻书写。事实上李纨出身官宦世家，是位娴守妇道的女性，安分守寡侍亲育子，堪称可得贞节牌坊。同为官宦世家出身的曹雪芹，最想批评的就是这种女性，只会承受传统规范与命运安排，毫无个人主见。

作家冰心对于鳏寡再娶再嫁，在那个年代中却独有一番解释。冰心寓托于笔下的主人翁，L太太认为妻子死后再娶的就是寡情之人，但主角不以为然。有一天，当L太太又意有言外时，主角因为喝了点酒，不禁驳斥她的论点，主张若习惯婚姻且感觉幸福美满的人，他的再婚总是较早。因为他早已习惯有妻子在旁佐理一切事物，妻子一死，就如丧家之犬，所以会想早点寻回"那失去的乐园"。反过来，迟迟不再婚的人才是不想再受婚姻束缚，独享悠游自在的日子。所以主角认为对于一个男人的评价，不应该视其是否再娶。又写道："假如我是个女人，我决不在我生前，强调再婚男人之不足取！"因为，"假如你真爱你的丈夫，在自己已成槁木死灰之时，还有什么虚荣，什么忌妒，你难道忍心使他受尽孤单悲苦、无人安慰的生活？"在爱情的国度里，为对方着想才是真正爱的表现。

# 荣辱立,然后睹所病;
# 货财聚,然后睹所争

## 名句的诞生

荣辱[1]立,然后睹所病[2];货财[3]聚,然后睹所争。今立人之所病[4],聚人之所争[5],穷困人之身[6],使无休时[7],欲无至此,得乎!

——则阳

## 完全读懂名句

1. 荣辱:荣誉和屈辱。2. 病:患害。3. 货财:利也。4. 所病:使人忧虑的弊端。5. 所争:诱人争夺的纷争。6. 穷困人之身:穷困,驱使人陷入穷困。7. 无休时:指受剥削没有止境。

有了荣辱的观念,然后看出人们以什么为祸害;有了财货的积聚,才看出了人们在争什么。现在建立了人们所患害的荣辱,聚集了人们所纷争的物资，这些东西迫使人们困厄一生没有休止的时刻，想要不残害生命，有可能吗？

## 名句的故事

在春秋时代，公孙接、田开疆、古冶子是齐国有名的勇士，并以徒手能捉老虎而闻名。这三个人得罪了齐国宰相晏子。有一次晏子便建议齐国国君赏赐这三个勇士。齐景公说："你们三个人按功劳大小分吃这两个桃子吧！并且依功荣大小来获桃。"

公孙接仰天长叹说："晏子果真是位聪明人。他让景公叫我们按功劳大小分配桃子。我们不接受桃子，就是不勇敢；可接受桃子，却又人多桃少，这就只有按功劳大小来分吃桃子。"

于是他对田开疆和古冶子说："我陪主公出去打猎，第一次杀死一头野猪，第二次杀死一头老虎。我大概有资格吃一颗桃子吧，不用和别人共吃一个。"于是他拿了一颗桃子站起来了。

而田开疆说："我手拿兵器，接连两次击退敌军。像我这样的功劳，也可以自己吃一个桃子，用不着与别人共吃一个。"于是，他也拿起一个桃子站起来了。

古冶子说："我曾经跟随国君横渡黄河，大鳖咬住车左边的马，拖到了河的中间，我一个人救了国君的性命，像我这样的功劳，也可以自己单独吃一个桃子。而不能与别人共吃一个。你们两个人为什么不快把桃子拿出来！"说罢，便抽出宝剑，站了起来。于是公孙接、田开疆说："我们勇敢赶不上您，功劳也不及

得鱼忘筌；得兔忘蹄；得意忘言

您,拿桃子也不谦让,这就是贪婪啊;然而还活着不死,那还有什么勇敢可言?"于是,他们二人都交出了桃子,刎颈自杀了。见此情景,古冶子说:"我们三人本来亲如兄弟,现在为了争这两颗桃子,你们两人都被我逼得自杀了。我如果独活,是不仁;我自吹自擂而羞辱勇士,是不义;悔恨自己做错了事还不肯死,就是不勇。"他把两颗桃子放在两具尸身上,也举剑自杀。使者回宫向齐景公报告:"三个人都死了!"齐景公便下令为他们厚葬。

他们三个人固然是死于晏子的计谋,却也是因为勇气、荣誉、义气等价值观念。齐景公所赐的桃子象征着荣誉,他们三人是死于荣誉之下。

所以,在上位者建立了名位之后,就会有尊卑贵贱的比较,当财货集中在少数人手中,就会引发争夺。所以,老子说:"不贵难得之货,使民不为盗,不见可欲,使民心不乱。"意思是在上位者不重视珠宝金银,人民就不会有争夺,不夸耀可诱欲的事物,使百姓就不会被迷乱。

## 历久弥新说名句

在《老子·第十八章》中,老子说:"大道废,有仁义;智能出,有大伪;六亲不和,有孝慈;国家昏乱,有忠臣。"当大道没有了,才有仁义;若有大道时,仁义一点也显现不出,因为仁义都是在大道废弃之后才有需要。当要崇尚仁义时,社会已经不纯厚了。智能发生，随着就会有虚伪，世上欺骗诡诈的行为，也是从智能而来。六亲不和，才有孝慈；国家昏乱，才有忠臣。孝慈、忠烈，都是值得标榜的道德。但是，必须六亲不和，才显出孝慈；必须国家昏乱，才会显现出忠臣来。如果是一个和乐的家庭，便分不出谁孝慈了；一个政治修明的国家，便分不出谁是奸谁是忠了。

所以，老子反对儒家提倡仁义道德，反对墨家的尚贤思想，认为一切要回归到原点，回到朴素的社会，让人民无知无欲。只要"虚其心，实其腹，弱其志，强其骨"，让心存狡诈的人不敢轻举妄动，这样就可以完全地治理天下了。

在上古赫胥氏帝王的时代，百姓安居不知道做什么，走路也不晓得到何处，口中含着食物来嬉戏。吃饱后又来旅游；百姓就是这样的过着一种无忧愁的生活。但到了后世圣人治天下的时候，创设礼乐来改变天下人的行为，又高悬仁义道德的标准来安抚民心。于是，百姓才开始竭尽一切心力去追求巧智，竞逐利禄而不知停止。归究一切，这都是圣人的过错呀！

# 事若不成,则必有人道之患;
# 事若成,则必有阴阳之患

## 名句的诞生

叶公子高<sup>1</sup>将使于齐,问于仲尼曰:"王使诸梁也甚重,齐之待使者,盖将甚敬而不急。匹夫犹未可动,而况诸侯乎!吾甚栗<sup>2</sup>之。子尝语诸梁也曰:'凡事若小若大,寡<sup>3</sup>不道以懽<sup>4</sup>成。事若不成,则必有人道之患<sup>5</sup>;事若成,则必有阴阳之患<sup>6</sup>。若成若不成而后无患者,唯有德者能之。'吾食也,执粗而不臧<sup>7</sup>,爨<sup>8</sup>无欲清之人。今吾朝受命而夕饮冰,我其内热<sup>9</sup>与!吾未至乎事之情,而既有阴阳之患矣;事若不成,必有人道之患。是两也,为人臣者不足以任之,子其有以语我来!"

——人间世

## 完全读懂名句

1. 叶公子高:楚大夫,为叶县令,僭称公,姓沈,名诸梁,字子高。2. 粟，恐惧害怕。3. 寡：很少。4. 懽：音 huān，同"欢"，喜乐的样子。5. 人道之患：人为祸患。6. 阴阳之患：阴阳失调。7. 臧：音 zāng，美善。8. 爨：音 chuàn，动词，烧煮食物。9. 内热：内心焦急燥热。

叶公子高将出使齐国，于是请教孔子："楚王派遣我出使齐国，担负责任极重。齐国对待使者表面上虽然恭敬，事实上拖延行事。一介平民百姓都难以说服，更何况是说服诸侯，我实在非常恐惧。您曾经告诉我：'无论小事或大事，很少能不依循道而轻松完成。事不成，会有人为的祸患，事若成，会有忧喜交集、阴阳失调之患。事成或者事不成，都可以没有忧虑，就只有有德之人能够办到。'我饮食粗疏，不求精致，食物不做过度烹煮，是清心寡欲之人。如今我早上受命，晚上就须饮用凉品，因为我内心燥热不已！我尚未上任就有阴阳失调的现象，事情如果真不成功，必然会有人为灾祸。无论是阴阳之患或者是人道之患，我身为人臣不足以担负这两种灾祸。您能不能教导我呢？"

## 名句的故事

一般凡夫俗子，面对突如其来的重任，不免患得患失，一时方寸大乱，身心失调。但看中国稗官野史，如叶公子高处在"事若不成，则必有人道之患；事若成，则必有阴阳之患"的英雄志士多如过江之鲫。反之，则有某些娴熟老庄思想的政治大家，能

得鱼忘筌；得兔忘蹄；得意忘言

够无为而为，东晋谢安便是一例。

一日，谢安与支道林、王羲之、许询等人泛舟游海。当风起浪涌之际，支道林、王羲之等人皆面露惊恐，高呼返航，而谢安却还神情自若地吟诗，船夫见谢安如此闲适，也就继续前行。直到风急浪猛，所有人都离座走动喧闹，谢安才缓缓说道："莫非要回岸去？"众人立即呼应。谢安的镇定，于此已能略窥一二。

简文帝驾崩后，桓温埋伏壮士设宴，广邀文武百官，想藉此诛杀谢安、王坦之。王坦之非常恐惧，问谢安如何是好，谢安神情未变，说："晋室存亡，在此一行，两人相偕前往。"王坦之的恐慌一览无遗，惊慌失措，倒执笏（手板），汗流浃背。相反地，谢安则举止从容，在筵席上发出洛下书生的吟咏声，朗诵起嵇康《赠秀才入军》诗："浩浩洪流，带我邦畿。"桓温惊叹谢安的旷达安适，也就知趣要左右壮士退下。

## 历久弥新说名句

叶公子高说其"朝受命而夕饮冰，我其内热与"，内心的焦急烦躁迸发出来，所显现的就是阴阳失调，患得患失。无独有偶，魏晋南北朝"竹林七贤"之一的阮籍，平素放浪不羁，在《咏怀诗》第三十三中悲然说道："一日复一夕，一夕复一朝。颜色改平常，精神自损消。胸中怀汤火，变化故相招。万事无穷极，知谋苦不饶。但恐须臾间，魂气随风飘。终身履薄冰，谁知我心焦。"这种日复一日精神上的耗损使得阮籍"胸中怀汤火"，炙热难熬。然而面对官场乱局，只能怪诞以对，终日饮酒，面对最确实的自己，明明白白就是"终身履薄冰，谁知我心焦"的郁结了。

作家弗吉尼亚·伍尔芙写给先生的遗书中曾说："我想告诉你你给了我彻底的快乐。谁也不可能给得比你多。请相信这个事实。可是我知道我熬不过这一趟：我在浪费你的生命。我说的是这次精神失常。谁说的话都劝不了我……"（董桥译）这个带着某种神经质、一直活在焦虑中的女作家，整个精神高度集中在她的写作世界里。面对外在世界与内在理想世界的两极化，在生命冲突的苦役中，无法自拔超脱，最后，伍尔芙走进河流，自杀结束她认为失败的一生。

# 巧者劳而知者忧,无能者无所求

## 名句的诞生

曰:"已矣,吾固告汝[1]曰人将保汝,果保汝矣。非汝能使人保汝,而汝不能使人无保汝也,而焉用之感豫[2]出异[3]也!必且有感[4],摇而本才[5],又无谓也。与汝游者,又莫汝告也,彼所小言,尽人毒也。莫觉莫悟,何相孰[6]也!巧者劳而知者忧,无能者无所求,饱食而敖游,泛[7]若不系之舟,虚而敖游者也。"

——列御寇

## 完全读懂名句

1. 汝:你。2. 感豫:讨人欢心、喜爱。3. 出异:表异、与人不同。4. 感:同"撼",撼动。5. 摇而本才:动摇了本性。6. 相孰:相熟悉、相亲爱之意。7. 泛:飘然貌。

伯昏瞀人说道:"算了吧!我已经告诉你说人们将会归向

你,现在果然依归于你。不是你能使人心向于你,而是你无法不使人不归附于你,你何必这样为了引人喜欢而表现得与众不同呢!一定是有什么动摇了你的本性,这又是无谓的事情。跟你一块的人又不告诉你,他们只会说着微琐的言论,尽是毒害人的。不能觉悟,怎能相爱呢?智巧的人忧劳,不用智巧的人无所求,只要饱食遨游,飘然像只无所牵绊的船,虚心广纳地遨游。"

## 名句的故事

列御寇是先秦时期的重要哲学家,其思想对后来道家影响很大,有关他的记载多保留在《庄子》与《吕氏春秋》两书中。现今《列子》一书,但经考证为后世托名而作,《列御寇》的篇名系取自首章前三个字。

本篇名句故事缘起于伯昏瞀人与列子的对话。列子出访齐国却半途而返,遇到伯昏瞀人,后者问他为何返回,列子回答:"吾惊也。"伯昏瞀人再问为何,列子说他在路途上吃饭时,有半数的餐店都免费招待,让他讶异。伯昏瞀人反问列子何须惊讶,列御寇说,如果连下层没赚多少钱的百姓都对我如此友善,更何况是齐国的君主呢?"身劳于国而知尽于事,彼将任我以事而效我以功,吾是以惊。"友善的背后,其实是想要列子更尽心力于国事中,这对他来说压力沉重,故放弃与齐国君主会面折返家中。伯昏瞀人听了淡淡说道:"善哉观乎!汝处已,人将保汝

得鱼忘筌；得兔忘蹄；得意忘言

矣！"（你真是会观察呀！等着看吧，人们未来将会归向你的。）

后来列子果然出名，门庭若市，伯昏瞀人再次来访，看到此情况转头离开。列子接到门僮通知，连鞋子也来不及穿就赶忙拦下伯昏瞀人，伯昏瞀人于是说出本篇名句之建言。

## 历久弥新说名句

对伯昏瞀人来说，看到列御寇如此精于观察，实内含机心，权术计谋蕴藏其中，故叹道："非汝能使人保汝，而汝不能使人无保汝也。"当前拥护者乃基于列子刻意地雕琢自己的行为，媚合他人喜爱。伯昏瞀人批判这种有意的谋合大众口味，人们只是被列子表象所愚弄，事实上并非列子本身有什么特色足够吸引他们。因此，伯昏瞀人才会劝列子："巧者劳而知者忧，无能者无所求。"越工于心机，越想谋取事物的人将只会疲劳、忧虑，只有不用智巧的人能随心所欲、无所强求，进而能饱食终日、遨游天地。

伯昏瞀人所言的"巧者劳而知者忧，无能者无所求"，确实有其道理在，越是聪明的人越是工于机心，越是想有所表现，只有清静无为、淡泊寡欲之人才能恬适地活在当下。六祖禅宗慧能也说："菩提本无树，明镜亦非台，本来无一物，何处惹尘埃。"机巧对佛道两家而言都是要去除的烦恼，唯有减少欲望、机心才能让自己原本的状态得以悟道。更何况对伯昏瞀人来说，列子之所以德高望重，并非自己真有可取，真能使人

"保"他，与其要苦心经营，还不如放弃世俗一切，当个无所求、遨游四海的人。

然而这种出世态度与积极入世的儒家背道而驰。从孔子以来，孜孜不倦劝勉有志者皆须以治国经邦为业，让百姓安和乐利，如曾子所道："士不可以不弘毅，任重而道远。"换句话说，对儒者而言"巧者劳而智者忧"是必要的。孟子也曾经说道："劳心者役人，劳力者役于人"，有能力之人做的就是管理人、为人谋福利的事业，被管理的人就只能提供劳力、尽其本分而已。孟子这种说法充分带着士大夫的优越感，对于"无能者无所求"之人，就只能规范治理，为他们谋取更好的未来。传统士农工商的社会，将士大夫置于顶端，尊重且推崇的原因皆在于儒家思想中"任重道远"的使命感。因此对他们而言，所谓"巧者劳而知者忧"，反而是他们汲汲营营且引以自傲的身份。

# 养志者忘形，养形者忘利，致道者忘心

## 名句的诞生

曾子居卫，缊袍无表[1]，颜色肿哙[2]，手足胼胝[3]。三日不举火[4]，十年不制衣，正冠而缨绝，捉衿而肘见[5]，纳屦而踵决[6]。曳纵[7]而歌《商颂》[8]，声满天地，若出金石[9]。天子不得臣，诸侯不得友。故养志者忘形，养形者忘利，致道者忘心矣。

——让王

## 完全读懂名句

1. 缊袍无表："缊袍"指以旧絮或碎麻外罩布面做成的袍子，表示粗恶的衣服；"无表"，指衣服表层破烂。2. 肿哙：虚浮，浮肿。3. 手足胼胝："胼胝"，音 pián zhī，手脚因长期劳动摩擦而生的厚茧，比喻极为辛勤劳苦。4. 举火：生火煮饭的意思。5. 捉衿而肘见："衿"通"襟"，拉整衣襟就看见手肘，形容人衣衫破败，不足蔽体。6. 纳屦而踵决："屦"，音jù，鞋子；踵，足后跟。"踵决"指因鞋破而脚跟突出。7. 曳纵：或作"曳屣"、"曳履"、"曳杖"。曳，拖曳。8. 商颂：《诗经》三颂之一。共五篇。旧说以为殷诗之遗。9. 金石：指钟、磬等乐器。

曾子住在卫国，絮衣外表破烂，面色浮肿，手足生茧。三天没有升火煮饭，十年没添制过新衣，想正戴帽子时帽带却断了，拉着衣襟手肘便露了出来，穿着鞋子脚跟就跑了出来。但他拖着破鞋，口吟《商颂》，歌声充满天地，好像金石乐器演奏一样。天子不能使他为臣，诸侯不能和他交朋友。所以养志的人忘了形骸，养形的人忘了利禄，求道的人忘了机心。

## 名句的故事

曾子名参，字子舆，春秋末鲁国南武城人。为孔子晚年所收学生，曾提出"吾日三省吾身"的修养方法，相传孔子孙子思曾受业于曾子，据说曾子作《孝经》，《大学》也是他的著作。后人以孔、曾、思、孟作为儒家心性的传承，尊称曾子为"宗圣"。

《说苑·立节》篇载："曾子敝衣以耕，鲁君使人往致邑焉。"曾参辞而不受。他说："臣闻之，受人者畏人，予人者骄人，纵君有赐，不我骄也，我能勿畏乎？"在与政治权势的交往中，只有不受才能保持着无私无畏、抑而不从的态度。《韩诗外传》记

得鱼忘筌；得兔忘蹄；得意忘言

载曾参50岁时，"齐聘以相，楚迎以令尹，晋迎以上卿，皆不应命。"在当时"礼崩乐坏"的形势面前，曾子的态度是"天下有道，则君子欣然以交同；天下无道，则衡言不革；诸侯不听，则不干其士；听而不贤，则不践其朝。"（《大戴礼记·曾子制言》）。不屈从、不苟合，基本上可以说是儒家对待政治权势的态度，对政权的批评有清醒的批评。

然而选择拒绝入仕从政，生活上便因经济窘迫而遭遇穷困，然而孔子《论语·里仁》曾说：一个士既有志于求道，还觉得自己恶衣恶食为可耻，那便不足与议了！所以在这一点上，曾子可说是谨守师教的好学生。

## 历久弥新说名句

唐代古文家韩愈的《送王秀才序》，文中说到他年轻时读隋唐隐逸诗人王绩的《醉乡记》，觉得隐居者应该看淡出世，怎还会嗜酒而有不平之言，岂真懂得隐世之道？等到读阮籍、陶渊明的诗作，才知道他们虽然困顿失志，不愿与世人接触往来，但内心仍未能真正平静，乃是有所托而逃。像颜渊、曾子虽然生活贫穷困苦，但他们以孔子为师，努力进取都来不及了，哪还有时间理会外在世俗的荣辱，或藉酒来麻痹自己呢？所以韩昌黎为士人怀才不遇而感到悲叹。然而并非所有人都能如颜渊、曾子般，有幸以孔子为师，故颜渊引《孟子·滕文公上》说："舜何人也？予何人也？有为者亦若是。"虽然无可师之人，仍可以尚友古人。

宋代欧阳修在《与尹师鲁第一书》中曾说："每每看见前代有名的人，在居官论事时候，常常情感激动，一副不怕死模样，很像懂道义的人。但等到贬官受罪时，便忧愁埋怨叹气，满腹无法忍受的穷愁，表现于文字之中。内心的欢喜忧愁，和一般人也没两样。即便是韩文公也不免有这毛病。"可见要能克服人生逆境，身处贫穷而毫不动心，并非容易。唯一值得安慰的是，古人认为文人越穷困不得志，写出的诗文越好。所谓"诗愈穷则愈工"，所以诗人的不幸，也许是其后广大读者的幸运。

# 不赏而民劝,不罚而民畏

## 名句的诞生

禹趋就下风[1],立而问焉,曰:"昔尧治天下,吾子立为诸侯。尧授舜,舜授予,而吾子辞为诸侯而耕,敢问,其故何也?"子高[2]曰:"昔尧治天下,不赏而民劝[3],不罚而民畏。今子赏罚而民且不仁,德自此衰,刑自此立,后世之乱自此始矣。夫子阖[4]行邪?无落吾事[5]!"俋俋[6]乎耕而不顾。

——天地

## 完全读懂名句

1. 趋就下风:下风,犹下方,下位。禹趋就下方,不敢居于上方,表谦虚也。2. 伯成子高:伯成,复姓。此为虚构之人物。3. 劝:奖励,鼓励。4. 阖:他本或作"盍",何不。5. 无落吾事:落犹废;事,指农事。此句指不要打扰我耕作之事。6. 俋俋:音yì,低头耕田的样子。

禹去看伯成子高，他正在田里耕种。禹走到下方，站着问说："从前尧治理天下，先生位为诸侯，尧传位给舜，舜传位给我，而先生却辞去诸侯职位来耕田，请问是为什么呢？"

伯成子高说："从前尧治理天下，不必行赏人民便能向善，不必刑罚而人民便能戒恶。现在你虽行使赏罚，然而人民却不仁爱，德行从此衰落，刑罚从此建立，后世的祸乱从此开始了。先生为什么不离开呢？不要耽误了我耕作的时间！"于是便低下头耕田而不管他。

## 名句的故事

尧、舜是古代的帝王名号，相传尧在位多年后，传位给舜，舜再传位给禹，而他们选择接班人的标准是依据个人的德性、能力，及其他臣民拥戴与否。这种选贤与能、传贤不传子的行为，古人称之为"禅让"。

至于大禹，则是古代中国第一个王朝"夏"的创建者，同时禹传位给其子启，历史上亦认为传子制度确立于其时。《孟子》一书中曾记载孟子的学生万章问说："至于禹而德衰，不传于贤而传于子"的批评，可见在古代帝王的传说中，有关禹传子不传贤的争论便一直存在，唐代古文家韩愈亦曾撰写《对禹问》一文讨论此一问题。

《庄子》书中关于大禹故事的传述，便是立基于此背景。文中认为在尧舜时代的政治，是"不赏而民劝，不罚而民畏"，即

得鱼忘筌；得兔忘蹄；得意忘言

人民能自动自发地行善及遵守法令，而其原因在于在位者德政感召，而非用政治及法律上的奖赏与刑罚去劝诱与恫吓人民。《论语》中亦曾记载孔子的话："道之以政，齐之以刑，民免而无耻；道之以德，齐之以礼，有耻且格。"虽然尧舜其人与此种制度是否于古代真实存在，学者间颇有争议，但不失为古代政治理想中一种美好的制度，也成为学者批判现实政治的思想来源。

## 历久弥新说名句

汉代著名学者贾谊在《过秦论》一文讨论秦代快速灭亡的原因，总结为："仁义不施，攻守异势。"即秦国利用强大之武力及东方各国间之矛盾，经过数代的努力而统一中国，却不懂得治理天下，不能专恃严刑峻法及武力之镇压，施政若不能得民心，以稳固的伦理支撑，政权终究不能长久维持。故为政者虽不能皆如传说中之尧舜，但能否施行仁政，获得民心之支持，仍是政权能否长久存在的一大考验。

然而，尧舜虽为传统中圣王政治理想之代表，现实政治中是否能完全依循德治治国？《三国志》记载诸葛孔明辅佐刘备治理益州，孔明刑法峻急，益州臣民颇多怨言。法正便劝谏孔明，秦国无道失政，汉高祖入关，约法三章，得民拥戴，期待孔明能改弦易辙。孔明回答，益州故主刘璋个性愚弱，靠恩惠邀结臣民，然而"德政不举，威刑不肃。蜀土人士，专权自恣，君臣之道，渐以陵替。宠之以位，位极则残；顺之以恩，恩竭则慢。"所以最后刘备才能取而代之。

为了记取教训，有效治理益州，孔明方才改变为政方针，重视法治，因为"威之以法，法行则知恩；限之以爵，爵加则知荣。荣恩并济，上下有节。"赏罚不流于形式，都能发挥其实际的效用，对政治风气的改善，亦有其助益。

故史家评论孔明治理下的蜀中，"科教严明，赏罚必信，无恶不惩，无善不显，至于吏不容奸，人怀自厉，道不拾遗，强不侵弱，风化肃然。"正如孟子曾说："徒善不足以为政，徒法不能以自行。"可见政治是一门高深的艺术，非专恃一说便足以行。

# 无思无虑始知道,无处无服始安道,无从无道始得道

## 名句的诞生

黄帝曰:"无[1]思无虑始知道,无处无服[2]始安道,无从[3]无道[4]始得道。"

——知北游

## 完全读懂名句

1. 无:去除。2. 无处无服:处,居处;服,从事,引申有行动、作为的意思。处和服在这里都有"安于"或"信于"的意思。3. 从:跟从,在这里解释为盲从。4. 道:道路、途径,这里是跟从于自以为的道。

黄帝说:"去除过度的思想和考虑才能明白道,不安于某个局限的场所、不耽溺于修炼作为才能安于道,不去盲从跟随自以

为的道，才能够得到真正的道。"

## 名句的故事

庄子虚构的人物——知，心中一直存在着疑惑：道要怎么思量考虑才能得知？要如何安排居住的环境、如何过日子才能安于道？又要用什么途径和方法，才能够得道？于是他在北方游历的时候，每见一人，便想要向对方询问这个问题。他首先遇到了无为谓，但无为谓不知道该怎么回答他，知没有得到答案。然后遇到狂屈，狂屈心里想回答这个问题，但话到嘴边就忘记了，知仍旧没有得到答案，最后只好求助于黄帝。黄帝告诉知："无思无虑始知道，无处无服始安道，无从无道始得道。"知才总算得到了满意的答复。

黄帝和知明白了这三个问题的答案，但无为谓和狂屈不明白。究竟明白与不明白之间，谁才是正确的呢？黄帝又说："彼无为谓真是也，狂屈似之；我与汝终不近也。"因为明白道的人是不说出来的，说的人其实根本不明白道。黄帝自认为和知一样，都是不了解道的人，这样的人才能够描述道、钻研道；狂屈可以说是接近了道，还没有完全明白道，"此中有真意，欲辨已忘言"，因此他想要描述道，却仍旧无法说出口。至于无为谓，他才是真正明白道的人，所以他不知道该怎么说，因为他本身就已经完全融入于道之中了。这样的境界，其实就如同《老子》中的："道可道，非常道。"道是无法描述的，可以形容得出来，那

得鱼忘筌；得兔忘蹄；得意忘言

就不是真正的道了。

特别需要注意的是，这里的"无"虽然是"去除"的意思，但不是真的要人不去思虑、行动，而是要消除对一切事物的过度执著，而顺应本心，"无思无虑"、"无处无服"、"无从无道"，才能由执著的困境中解脱，得到真正的自在逍遥。

## 历久弥新说名句

面对道的虚无，庄子展现出来的不是屈于宿命的悲凉，而是安于命运的处之泰然。他说："无思无虑始知道，无处无服始安道，无从无道始得道。"在《大宗师》中又说："安时而处顺，哀乐不能入也。"这样的人生思维，被魏晋名士所吸收，转换成为另一种面对生命的态度。

竹林七贤之一的刘伶喜欢饮酒，藉由醉酒而逃遁于魏晋混浊的世俗之间。他曾写了一篇《酒德颂》，其中提到他痛快饮酒至叉开双腿蹲着，将头枕在酿酒的酒糟之上，姿态狂放不已，然后感觉到"无思无虑，其乐陶陶"。对于自然世界的雷霆之声、泰山之形以及寒暑冷暖、利欲感情，完全都不动于心，观看万物，也觉得它们纷纷扰扰，像是漂浮在江海之上的浮萍一般。

而同样是竹林七贤之一的王戎，在南朝宋刘义庆所编纂的《世说新语》中的《伤逝》里记载，他因为丧子之恸，悲伤得克制不住情绪。朋友山简前来吊问，看王戎悲伤的样子，于是劝慰他："孩抱中物，何至于此？"孩子不过是怀抱中的物而已，不需要如此悲伤,理性的山简所持的显然是"安时而处顺,哀乐不能入也"的思想。但王戎回答他说:"圣人忘情,最下不及情;情之所钟,正在我辈!"圣人超越了情感的束缚,没有喜怒哀乐,一般的禽鸟动物则是不懂得这样的感情。对于情最为珍重的,就是我们这类的人啊!山简听了,竟然比王戎还要伤心。

根据这则记载中对于情的三种层次,对照面对知问道时众人的反应:无为谓已经属于上层的圣人对于道的理解了,因此不动于心;而还不及于道的知,则是亟欲厘清观念,也正是"情之所钟"的中间之辈。

其于游刃
必有余地矣

# 周将处夫材与不材之间

## 名句的诞生

弟子问于庄子曰:"昨日山中之木,以不材得终其天年[1];今主人之雁,以不材死。先生将何处?"庄子笑曰:"周将处夫材与不材之间。"

——山木

## 完全读懂名句

1. 天年:自然的年寿。

弟子问庄子道:"昨日遇见山中的大树,因为不成材而能终享天年,如今主人的鹅,因为不成材而被杀掉;先生您将会把自己放在什么样的位置呢?"庄子笑道:"我将处于有用和没用之间。"

## 名句的故事

有一天,庄子与弟子在山中散步,看见一棵枝叶茂密的大树,树的旁边则站了一位砍树的工人。这位砍树的工人只是静静站着,并没有打算砍伐这棵树。庄子觉得很奇怪,工人便告诉他这棵树木没有用处,所以不必砍。庄子当下了悟地说:"此木以不材得终其天年。"这棵树木因为它无法成为好的木材,所以逃过不被砍伐的命运、可以安享上天给它的岁数,直到老死。这也就是成语"木尽天年"的由来。

接着,庄子一行人离开山林,来到友人的家中做客。庄子的朋友很高兴他的来访,于是要僮仆杀一只鹅来款待客人。僮仆听后便问:"要杀会叫的,还是不会叫的?"主人马上说:"杀那只不会叫的。"隔天,庄子的弟子便请教他"材与不材之间"的道理。庄子以他深邃的智能告诉弟子,他将选择在两者之间。

这是一则非常有深意的寓言故事。成材也好、不成材也好,都有可能为自己带来杀戮之祸。事实上,万物的用与无用,都主观地取决于人的选择;唯有人自己可以主宰自己,因此,庄子选择处于两者之间,取其"中庸"与不偏不倚,这也就是他的"逍遥之道"。

其于游刃必有余地矣

## 历久弥新说名句

庄子处于"材与不材"之间的道理,即是道家学说中一种保全自身的方法。太凸显自己的"有用",可能会功高震主,惹来杀身之祸。太显得"无用",也可能招来提早淘汰出局的命运。由于道家思想诞生于春秋战国时代这样的乱世,"中间路线"就是他们在乱世中的生存法则。撇开乱世不谈,这又是一种追求行为自由、不受物欲约束的修养之道,也让自己从功名利禄中解脱,以达到最后的逍遥无为。

宋朝词人辛弃疾,原本是一个抗金的武将,但在战争之后,无法获得朝廷的重用,只好自号"稼轩",感受庄子的道行,《鹧鸪天》说:"味无味处求吾乐,材不材间过此生。"意思是说,他要在平淡当中找到自己生活的乐趣,要选择在有用与无用之间,让自己顺心地度过此生。

唐朝诗人白居易也抱着"达则兼济天下,穷则独善其身"的心态,当他无法施展政治理念时,只能安慰自己:"虫全性命缘无毒,木尽天年为不才。"(《闲卧有所思二首》)意即小虫可以保全他的性命,是因为它没有毒害,木材可以享受自然给予的岁数,是因为它无法成为好的木材。

上述两位文学家都在功名之途上败阵下来,进而从庄子"处夫材与不材之间"的智能中,找到自己安身立命之处,这或许可以让我们在为人处世上知所警惕,更懂得拿捏分寸。

依乎天理，批大郤，
导大窾，因其固然

## 名句的诞生

依乎天理¹，批²大郤³，导大窾⁴，因其固然。技经⁵肯綮⁶之未尝，而况大軱乎！

——养生主

## 完全读懂名句

1. 天理：物的自然结构。此指牛体的自然结构。2. 批：劈开。3. 大郤：牛体筋肉间的空隙。郤，音 xì。4. 大窾：骨节间的空隙。窾，音款。5. 技经：体内经络结聚的地方。技，在此通"枝"字。6. 肯綮：骨肉相接的地方。綮，音 qìng。

依照牛体自然的生理结构，用刀劈开筋肉间的缝隙，然后导向骨节间的空隙，顺着牛体本来的构造来解牛。连经络相连、骨肉相接的地方都没有碰到,更何况是牛的大骨头呢!

## 名句的故事

庄子以"庖丁解牛"的故事为喻,阐述人应如何涵养内在精神,让精神成为真正的主人。《养生主》中的庖丁之所以能轻易地解开整头牛只,是"依乎天理"的缘故,才不致于耗损庖丁的精神与心力。庄子是最早提出"天理"名词的思想家,意指"物"的自然结构,意即人只要顺着万物的理路因应之,生命力就不会因物而白白地损伤,人遇到任何事情,就可以毫无阻碍地迎刃而解。

"天"向来被认为是有"位格"的至高主宰,祂可以支配万物的生死,拥有超然无上的力量。远古的神话与先民的祭祀典礼中,无不充满浓厚的敬天与畏天色彩,可知天在人们心中的崇高地位。不过,在庄子的眼中,"天"代表的是自然的规律,而非权威的主宰,万物在天地间的生存,必须顺应此自然法则,亦即万物的自然本性。同样地,人身为万物的一分子,若想通达养生、全生的境界,当然不可违逆物的本来理路,否则只会虚掷精神,行事全然无功,离"养生"之路越来越远!

## 历久弥新说名句

除了《庄子·养生主》中,直指"天理"为物的自然结构之外,"天理"两字几乎都被应用在伦常法则的解释上。诸如"天理难容"、"天理昭昭"等语,或像宋代理学家程颐提出"去人欲、存天理"的论述,这些显然与庄子的"天理"意义不同,却成为历来多数人对"天理"一词的认知与定义。

庄子的"天理",简单的说就是"万物之理"。《礼记·乐记》写道:"凡奸声感人,而逆声应之,逆气成象,而淫乐兴焉;正声感人,而顺气应之,顺气成象,而和乐兴焉。倡和有应,回邪曲直,各归其分,而万物之理,各以类相动也。"音乐分有"奸声"与"正声"两种,但不管是靡靡之音或导正人心的"正声",都会有喜爱它们的善恶归属,如同万物的自然情理一样,在与自己同类的相属中,彼此产生自相的感动。

儒者所谓的奸声淫乐,如商纣之音,与春秋时的郑、宋、卫、齐等国的音乐,都是无法登上大雅之堂的音乐。至于所谓的正声,指的是周朝皇室的太平雅颂之音。

不过,颇令人玩味的是,后世之人对于"天理"的诠释,已不再与顺应万物自然之理有关,而与公理良心、无形主宰连结。

# 天地有大美而不言

## 名句的诞生

天地有大美而不言[1],四时有明法[2]而不议,万物有成理[3]而不说。圣人者,原[4]天地之美而达[5]万物之理。是故至人无为,大圣不作,观天地之谓也。

——知北游

## 完全读懂名句

1. 大美:指天地覆载万物、生养万物而又不自居其功,具有最大美德。2. 明法:明确的规律。3. 成理:完整的道。4. 原:归本、推究之意。5. 达:通达。

天地有最大的美德而不言说,四时有明确的规律而不议论,万物有生成之理而不解说。圣人推究天地之美德而通达万物生成之理。所以,至人自然无为,圣人不造作,观察天地之道加以效法而已。

## 名句的故事

　　战国之世，庄子看破了人类由于"机事"（使用机巧之心做事）而生"机心"（取巧）的危机，所以对一切伪的、丑的、扭曲人性和物性的事物，采取极端的排斥态度。因而主张向天地学习效法大自然。《庄子·至乐》说："上天由于无为而能够清虚，大地由于无为而得到宁静，所以天地两者无为相合，万物都化生出来。"荀子也说："天上的众星相随运转，日月交替照耀，春、夏、秋、冬都能规律地运行而不停止，阴阳化生万物，风雨沾被大地，万物各得天时的调和、风雨的滋润生长成熟，人们看不到它的操作，只看到它的成果，这就是天道的神妙作用。"

　　因此，庄子说美之所以存在于天地之中，是因为天地之美在于它体现了"道"的自然无为的根本特性，而"无为而无不为"是"天地有大美"的根本原因。老子也向大自然学习"无为而无不为"的精神，而提出谋国救世的道理。《老子·第五十七章》说："我无为而民自化，我好静而民自正，我无事而民自富，我无欲而民自朴。"又说"圣人处无为之事，行不言之教"，不妨碍万物的自我生长，等到万物成长之后，却又不引以为自己的功劳，因为不居功，却反而成就自己的功劳。

## 历久弥新说名句

　　法国现代雕塑大师罗丹曾说："美是到处都有的，对于我们的眼睛，不是缺少美，而是缺少发现。"我们生活的周围到处都体现着美，像美的事物、美的形象、美的声音等等，只等待有心人去发掘。远在宋朝的理学家程颢便曾说："万物静观皆自得，四时佳兴与人同。"在忙忙碌碌的现代化社会，偶尔能够抽点时间，静下心来，沉淀一下思虑，当心思清静的时候，细细地体察周遭事物，所有的万物体现出其先天的本性，都具有美的本质。

　　当代学者蒋勋由庄子的"天地有大美"一语，点出美其实存在于日常生活的事物之间，无须刻意营求，但须用心去发觉。食、衣、住、行是生活中最最平常之事，只要放慢行事的步调，稍停下脚步即可体会。由小可以见大，只要用心体验，放慢生活的节奏，日常生活中处处便是美，无不存于天地之间。

# 山木自寇,膏火自煎

## 名句的诞生

山木自寇¹也;膏火²自煎也。桂可食³,故伐之,漆可用,故割之。人皆知有用之用,而莫知无用之用也。

——人间世

## 完全读懂名句

1. 寇:砍伐。2. 膏火:指灯烛。膏指油膏。3. 桂可食:桂皮可做药,所以说可食。

山上的树木,有的做了斧柄,还来砍伐自己;油膏引燃了火,结果将自己烧干。桂皮可以吃,所以人们才砍伐它;漆树可以利用,所以人们才割它。世上的人只知道有用之材的用处,却不知道无用之材更大的用处啊!

其于游刃必有余地矣

## 名句的故事

皮毛丰美的狐狸和身上有彩纹的豹,在深山远地中栖息,在岩穴里藏匿;白天伏居夜晚才出来,即使饥渴不堪,也要远到没有人的地方去觅食,相当谨慎。然而还是不能避免罗网和机关的祸害,就是因为身上有好看的毛皮为它带来的灾害啊!

有一个叫匠石的木匠带了他的徒弟要去齐国,经过曲辕这个地方,看见土地公庙旁有一棵大的栎树,树的粗干圆径有百围,用它的材料可造十几个船。围观的人非常多。可是匠石连看都不看,往前走去不停止。他的徒弟看了一番,才追上匠石说:"自从我们追随先生学手艺,还未曾见过如此好的材料,先生却连看都不看往前走去,这是为什么呢?"匠石说:"罢了,不要再多说吧!那是'散木',没有用的木头,用来做船,船就要沉;用来做棺材,是会腐败的。"到了半夜,匠石梦到这棵栎树来到他的梦中,并对他说:"你说我是个没有用的'散木',要是我对人真的有用,早就被人砍去当材料,我那还能长得这么高大,你这无用的'散人'怎么知道'无用'的好处呢?"

庄子的好友惠施对庄子说:"你的话没有用处。"庄子说:"晓得没有用处的,方才可和他论及用处。譬如天地并不是不广,可是人所用的不过只取一块立足的地方罢了,其余不曾用的地还多着呢。但是若将立足以外的地深掘到黄泉,那么对人有用的一块立足地方还有用吗?"惠子说:"没有用了。"庄子说:"那么没有用处的用处也很显明了。"

## 历久弥新说名句

"山木自寇"和"膏火自煎"意思都是指物种因为它自身的用处,反而引来灾祸。类似的成语有"直木先伐"、"甘泉先竭"。

《越绝书·吴王占梦》中:"好船者溺,好骑者堕,君子各以所好为祸。"意即,擅长游泳的人,反而是最容易溺水的,很会骑马的人最容易摔下马,人们往往因擅长某一技艺,而大意招致失败。因此"好船者溺"、"好骑者堕"的用法也与本名句的意思类似。

《伊索寓言》有一则有关荆棘与杉树的故事。一棵杉树骄傲地对一丛荆棘说:""你一点用处也没有。像我,到处都有人要我去做屋顶、造房子,以及做各种用具。"荆棘回答说:"你真是个可怜的东西,只要你想起斧头和锯子临身的痛苦,相信你就愿意自己是一丛荆棘,而不愿意长成一棵杉树。"在现今的社会,有人喜欢成为大人物,但随之而来的是失去各种自由,反而不如一介平民来得快乐!

# 以火救火,以水救水

## 名句的诞生

是以火救火,以水救水[1],名之曰益多[2]。顺始无穷,若殆以不信厚言[3],必死于暴人之前矣!

——人间世

## 完全读懂名句

1. 以火救火,以水救水:用火去救火,用水去救水。比喻方法错误,不但无法制止火势与水势,反助长其威势。2. 益多:越帮越过分。3. 厚言:直言劝谏。

这就像用火去救火,用水去救水,可以叫做越帮越过分。你开始时顺着他,以后就永远顺从下去了,假如你还没有取得信任就直言劝谏,必定会惨死在暴君的面前啊!

## 名句的故事

　　庄子借孔子与其弟子颜回两位真实人物的名义，虚拟出此篇的对话，表达一般读书人满怀治世理想，想要匡正君王的错误言行，好让国家步入正轨。但事实上，政治的可怕现实，与位居上者性格的难以揣度，往往都是始料未及，最后还可能遭来杀身之祸。

　　此篇庄子描写颜回准备到卫国劝谏行事独断、做事轻率的卫君，临行前特地来向孔子辞行。孔子认为颜回坚持要对残暴的人实施仁义，等同是拿别人的缺点，来彰显自己的优点，担心颜回因而受到卫君的刑罚。

　　孔子语重心长地提醒颜回，假若卫君是一个懂得礼遇贤人的国君，怎么可能等到颜回去了才有所改变呢？可见卫君是喜爱亲近小人的国君。孔子也忧心颜回无力改正卫君的过失，还只能一味的顺从，那不就等于默许卫君的罪行，比如"以火救火，以水救水"一样，原本企图挽救的问题，不但没有解决，反而更助长卫君的威势，形同加入支持卫君作恶的行列。

　　"以火用火"与"抱薪救火"、"负薪救火"的用意相仿，都在比喻处理方法错误，虽有心消弭祸害，却把祸害更为扩大，终是一发不可收拾。

其于游刃必有余地矣

## 历久弥新说名句

"以火救火,以水救水"一语,并非源出《庄子·人间世》。据清代考证学家俞樾,在《墨子平议》参照历来错简阙文的墨子版本,考证出《墨子·兼爱》有一段文字应为:"非人者必有以易之,若非人而无以易之,譬之犹以水救水,以火救火也,其说将必无可焉。是故子墨子曰:'兼以易别。'"墨子坚决反对人有亲疏、等差分别的爱,他认为天下的大害,皆出于人的"分别心"。找出这个社会乱源还不够,他还要指出解决方案,若自己没有提出因应之道,犹如用水去救水、用火去救火,只说出问题的症结也是不可以的。所以,墨子提出"兼以易别"的对策,意即以"兼爱"取代有分别心的私爱,建立一个平等无私的社会。

墨家之学,曾在战国初期大放异彩,但在汉朝独尊儒术后,逐渐地走向萧条沉寂,长久以来传诵、注释的人稀少,成为后人眼中佶屈聱牙的古言古字。直到清代这些考证大家的努力,才将这部年代古老的一家之学,重新展现在世人面前。过去人们皆认为"以火救火,以水救水"出自庄子的论述,如今看来,远在墨子的年代(两人相差约一百余年),早已出现过同样的譬喻用辞。而墨子宗教家的慈爱胸襟,也才能更加明显地展露在世人的面前。

# 庖人虽不治庖，
# 尸祝不越樽俎而代之矣

## 名句的诞生

归休乎！君子无所用天下为，庖人[1]虽不治庖，尸祝[2]不越樽俎[3]而代之矣。

——逍遥游

## 完全读懂名句

1. 庖人：厨师。2. 尸祝：祭祀时主读祝文的人。3. 樽俎：盛酒食的器具。

算了吧！我没有什么能力治理天下，如果厨子不去做菜，负责祭祀的人也不可能放下祭祀的器具去帮厨子做菜吧。

## 名句的故事

在禅让政治时代，尧决定把皇帝的位置让许由来接任。没想到遭到许由的拒绝，因为"各司其职、各尽其分"。

古时候在祭祀之前，厨子要负责宰杀三牲、料理筵席，而掌理祭祀的祭司，则负责把祭祀用的器具摆好，站在神坛前准备开始祝祷。如果厨子没将供奉神明的酒菜准备好，尸祝便无法开始祭神。尸祝即使会做菜，绝对没有庖人专精；厨师即使懂得拜拜，也不见得会祭神的仪式。可见各人都应谨守本分，事情方得圆满。

许由因其淡泊名利、不求功名，所以为后人所传诵，例如《隋书·李德琳传》称赞他"怀道立事"，追随大道的脚步，隐居修行，因此许由又被奉为隐士的鼻祖。

成语"越俎代庖"或说是"尸祝代庖"，便是从这个名言而来，比喻逾越自己的职分而代替别人处理事情。

## 历久弥新说名句

唐朝文学家司马贞为补《史记》之阙疑，作《三皇本纪》一文，其中记载伏羲氏："太昊伏羲养牺牲以庖厨，故曰庖牺。"古时所谓"牺牲"指的是祭神用的牲畜，伏羲因为豢养牲畜所以又被称为"庖牺"，"庖"的本意就是厨师，"庖牺"就是烧煮牲畜之意，意即人类的饮食文化进入了熟食。这个引领者就是"厨师"。

古时候的庖人让人们得以温饱，因此古人常用这个角色来说明一些大道理。例如老子说："治大国若烹小鲜。"治理大国要像烹调小鱼一般的小心谨慎，以免小鱼烧焦；君王就犹如庖人，治国的方针就如同厨师对火候的掌控。

又如《吕氏春秋》记载："庖人调和而弗敢食，故可以为庖。若使庖人调和而食之，则不可以为庖矣。王伯之君亦然。诛暴而不私，以封天下之贤者，故可以为王伯。若使王伯之君诛暴而私之，则亦不可以为王伯矣。"意思是说，一个厨师烹饪食物给别人吃而自己不吃，才能成为一个厨师，如果做菜给自己吃，就不能做厨师了。同样的，君王除去暴虐后获得土地权位，把土地权位分封给天下有德者，才能成就为一个君王，如果把好处都给自己，就不可能统治天下了。

商朝著名的宰相伊尹，也是一位厨师出身的政治家。《史记·殷本纪》所载引："伊尹名阿衡。阿衡欲奸汤而无由，乃为有莘氏媵臣，负鼎俎，以滋味说汤，致于王道。"伊尹想要求见当时的君王商汤，但是没有机会，因此就借着陪嫁做男仆的机会，背着饭锅砧板来见商汤，借着谈论烹调的机会，劝说商汤实行王道。最后，伊尹从一个厨师身份，受商汤举用，成为一国之宰相。

# 其于游刃必有余地矣

## 名句的诞生

彼¹节²者有闲³,而刀刃者无厚⁴;以无厚入有闲,恢恢⁵乎其于游刃必有余地⁶矣。

——养生主

## 完全读懂名句

1. 彼:这里指被肢解的牛。2. 节:指筋骨头。3. 闲:音jiàn,同"间",两者之中的隙缝。4. 无厚:刀刃最薄的部分等于完全没有厚度。5. 恢恢:宽阔广大的样子。6. 游刃必有余地:比喻做事能胜任愉快,从容而不费力。

牛的筋骨之间再窄也有细缝,而刀锋最薄的地方等于没有厚度;以没有厚度的刀刃插入牛筋骨间的隙缝,刀子还可以在隙缝中来回地移动呢。

253

## 名句的故事

《养生主》一文的宗旨在于阐述如何养护人的精、气、神的方法或道理。

话说梁惠王请庖丁替他宰割一头牛。只见庖丁操刀流畅自若,他的动作好比商汤时代的乐曲《桑林》,翩然起舞,刀割所发出的节奏似乎和着尧乐的《经首》,十分合拍。站在一旁的梁惠王则是看得目瞪口呆,不禁赞叹庖丁纯熟的技术。

庖丁告诉梁惠王:"我一开始宰牛时,并不了解牛身体的构造;后来在我眼前的不是一整头牛,而是一堆可以拆卸的零件。现在我只要用心灵去感受这头牛的形状,不必用眼睛,也可以知道如何下刀。"由于下刀之精准,不会误砍到牛的骨头,刀子也不会受损,因此庖丁能将一把刀保存将近十九年的时间,也没有换过。梁惠王听完这番话颇有感触,觉得体悟到了修身养性的道理。

庖丁操刀的流畅,确实让刀在宰割的过程中不受损害,完全是因为他懂得顺应牛筋络骨骼的构造。换句话说,庖丁是"依乎天理"、"因其固然"。庄子意在告诫我们,如果能顺应万事万物的道理而行,自然能让身、心、灵在更宽广的空间中颐养天年。

"恢恢乎,其于游刃必有余地矣"即是后人常用的成语"游刃有余",比喻对所担负的事情能胜任愉快,从容而不费力。而这个故事"庖丁解牛"也被用来形容一个人对事物了解透彻,做事能得心应手，运用自如。

## 历久弥新说名句

"恢恢"这个名词来自于《老子》第七十三章："天网恢恢，疏而不失。"上天的律法广大而宽阔，会有开通的一面，却不会有任何漏失。我们也会以"天道恢恢"来说明上天绝不会纵容作恶的坏人。再者，"游刃有余"也可以说成"恢恢有余"，即指一个人的才能之于他所负担的责任绰绰有余的意思。

连横先生在《台湾通史·职官志》中说："夫日本之财力，皆取之国中，非别有转输也，而游刃有余，可以富庶。台湾地大物博，百利未兴，若能经理得人，需以岁月，何遽不如日本哉？"这是连先生鼓励台湾自强的一段话。他将日本形势与台湾的地理环境做比较，两者是一样的，如果日本可以自给自足而达至富强，那么台湾一定也做得到。以现在的世界环境来看，要想自己自足几乎有点不切实际，但就历史观点而言，足见连横先生对台湾的民族之情。

# 为善无近名,为恶无近刑

## 名句的诞生

为善无近名,为恶无近刑[1],缘[2]督[3]以为经[4],可以保身[5],可以全生[6],可以养亲[7],可以尽年[8]。

——养身主

## 完全读懂名句

1. 刑:刑戮。2. 缘:因,顺着。3. 督:人体经络中的督脉,引申为中虚之道。4. 经:常法。5. 保身:保全身躯,免遭刑戮。6. 全生:生通"性",保全自己的天性。7. 亲:新生之机。8. 尽年:指享尽天年。

做善事不要与名誉沾边,做恶事不要惹上刑戮。一切遵循虚无的自然之道进行,并且习以为常,便可以保住自身,可以全养性灵,可以颐养新生之机,可以享尽天年。

其于游刃必有余地矣

## 名句的故事

庄子认为善于养生的人,要知道如何"趋利避害",怎样在动荡的社会中待人处世,以求得全性保身,避免从事对养生有害的行为。不但不可以"为恶",也不可以"为善"。因为做坏事触犯法律,会遭致刑罚的制裁,有违养生之道,做善事,会因为善事近名,自己便不得安闲;结果,能者多劳,亦是杀生之机。

所以,强盗的首领盗跖,因为利而死;孤竹国的贤士伯夷,饿死于首阳山,为名而死,虽然二者所死不同,却同样都是残生害性。

《让王》篇提到,"能尊生者,虽富贵不以养伤身,虽贫贱不以利累形。今世之人居高尊爵者,皆重失之。见利轻亡其身,岂不惑哉。"庄子批评当时的人因为富贵利禄而危害自己的生命,他认为能贵生的人,也不用养生的东西伤害身体,虽然在贫贱之中,也不要因为追求利禄而牵累形体。

楚王听说庄子很有才能,想请他出来当官。于是派遣使者前去拜访他。庄子对使者说:"听说楚国的宗庙里供奉着一只神龟,龟壳外头还用织着纹饰的锦绣小心翼翼地包裹着。你觉得这只龟,如果有灵性的话,它希望死后龟壳被供奉在宗庙里呢,还是活着在野外拖着尾巴在烂泥巴里爬行呢?"使者回答:"应该是活着在野外拖着尾巴在烂泥巴里爬行吧!"庄子:"好吧,那你们可以走了!我也愿意活着在野外拖着尾巴在烂泥巴中爬行。"

## 历久弥新说名句

"为善无近名"是说做善事容易获取好的声誉,但是有好的声名之后,常因能者多劳而不得安闲,有碍养生之道,所以,庄子反对"为善"。真正的"为善"应该发自内心并且不求报偿的。俗谚说:"有心为善,虽善不赏。无心为恶,虽恶不罚。"一个人有心地去做好事,但这种行为没有什么值得奖励的。

《老子·第十七章》老子说:"善行无辙迹。"原意是说善于行事者,顺应物性,因为遵循规律,不会留下任何痕迹。在句中"善"字当动词,后来误读为"善行"当名词,便有比喻真正行善的人,多不让别人知道的意思,与"为善不欲人知"同义。

西方近代哲学创始人法兰西斯·培根曾说:"善的定义就是有利于人类。这也就是古希腊人所谓的'仁',或者'人道精神',但意义还要深。"又说:"人心固然应该向善,而行善却不能仅凭感情,还要靠理智的指引。"

# 举世而誉之而不加劝，举世而非之而不加沮

## 名句的诞生

故夫知¹效一官，行比²一乡，德合一君而³征⁴一国者，其自视也亦若此矣。而宋荣子犹然笑之。且举世而誉之而不加劝⁵，举世而非之而不加沮⁶，定乎内外之分，辩乎荣辱之境，斯已矣。彼其于世，未数数然⁷也。虽然，犹有未树⁸也。

——逍遥游

## 完全读懂名句

1. 知：通智，才智。2. 比：合于、顺于。3. 而：古字中"而"与"能"相通。4. 征：取得信任。5. 劝：奋勉、鼓励。6. 沮：沮丧。7. 数数然：急促的样子。8. 树：动词，树立之意。

因此有些人才智可以胜任一官，行为可以合于乡里规范，德

行可以投合于一君、能取得一国之信任,这三种人因此自鸣得意就好像不知天高地厚的小麻雀。而宋荣子嗤笑他们。宋荣子能够做到全天下都赞誉他也不感到奋勉,全天下非议他也不感到沮丧。他能够判断内在与外物的区别,明了荣誉与屈辱的差别,就是如此而已。他对于世俗的事物并不汲营求取。虽然如此,光有这样还是有所不足。

## 名句的故事

《逍遥游》是内篇的第一章,揭示庄子对于道与修养的看法。《逍遥游》目的在于告诫人们需看透功名利禄、权势尊位等之束缚,进而让精神跃升优游自在,达到无牵无挂、顺化应然的境界。庄子对于所谓"逍遥"游的定义区分为二,形游与神游,二者相辅相成,臻于最高境界。为了能够让形神皆逍遥,庄子举出几个破执去偏的要法,如破生死、通物我、去机心、泯是非、除成见,到达最后的"以道观之"。本篇名句即是属于"破"的部分,作者要人破除世俗外物的羁绊,从无功、无名到无己,而与天地自然相通。

本篇名句提到的宋荣子是战国时期齐国稷下著名的学者,其思想要点在于倡导上下均平,去除人心固蔽之处,要见侮不辱、情欲寡浅、禁攻寝兵。宋荣子或许因同在稷下,其思想大部分与春秋时墨子雷同,皆主张反战休兵、均平、去奢靡等。只是宋荣子更进一步,还要求去人欲,"举世而誉之而不加劝,举世而非之而不加沮"的修养。然而光是如此对庄子来说还是不够，宋荣子仍然无法树立典范。在道家思想中，不只要破除外界声誉，还要能自我养成，最后达到"至人无己，神人无功，圣人无名"。

## 历久弥新说名句

庄子虽认为宋荣子的功夫还不到家，但能够"举世而誉之而不加劝，举世而非之而不加沮"，已是平常人难以完成的目标。要做到"举世而非之而不加沮"并不那么困难，但要有"举世而誉之而不加劝"的修养，可就不是件简单的事。事实上我们常常可以看到"举世而非之而不加沮"这类型的人，他们往往固执己见，有着"虽千万人吾往矣"的壮志情怀。另一方面，却常常缺乏深思熟虑，自我膨大数百倍，以为天下唯有"己"可以任。因此若将"举世而誉之而不加劝，举世而非之而不加沮"两相比较，相对来说"举世而誉之而不加劝"的人更少，能不受"美言"所惑实在困难。

宋代改革家王安石，早年就怀有经世济民之志，曾云："飞来峰上千寻塔，闻说鸡鸣见日升。不畏浮云遮望眼，自缘身在最高层。"这首《登飞来峰》淋漓地表现出王安石刚毅不移的个性。后来他果然凭着个人的才华傲气，得到宋神宗的重要，且上表变法，不畏朝野上下的反对，一心一意执行改革。当反对党大佬如欧阳修、司马光、苏轼质疑他时，王安石不仅不为所动，甚至更坚定其信心，扬言"当世人不知我，后世人当谢我"。王安石心中所坚守的理念即是"天变不足畏，祖宗不足法，人言不足恤"三不足的态度。这是《宋史·王安石传》对他的事迹记录，也是对他最为切要的评论，此后遂为王安石的一生定论。

民国五四运动健将茅盾先生就曾吟咏此事语："天变不足畏，祖宗不足法，人言不足恤。荆公名言震撼孔孟道统，犬儒闻之股战栗。得君之专如神宗，御外侮、抑兼并、苏民困，富国强兵公有术。"由衷赞赏王安石改革之举。历史上能够像王安石般意气风发、坚持理念的人实在不多。他于宦海浮沉数十年，面对的不仅是政见迥异，更是许多尖锐的人身攻击。苏轼父亲苏洵曾写《辨奸论》，讽刺王安石是个伪道学、伪君子的鼠辈。王安石主导的熙宁变法，内容多切中时弊，若能确实执行，北宋历史势必改写。可惜的就在于主导者过于自信，只持着"举世而非之而不加沮"，而无抱持着"举世而誉之而不加劝"的修养，因此身旁围绕的尽是只会拍马屁的佞臣，其结果必然是一败涂地了！

# 不徐不疾,得之于手而应于心

## 名句的诞生

轮扁[1]曰:"臣也以臣之事观之。斲轮[2],徐则甘[3]而不固,疾则苦[4]而不入。不徐不疾,得之于手而应于心,口不能言,有数[5]存焉于其间。臣不能以喻臣之子,臣之子亦不能受之于臣,是以行年七十而老斲轮。古之人与其不可传也死矣,然则君之所读者,古人之糟魄[6]已夫!"

——天道

## 完全读懂名句

1. 轮扁:制作车轮的人,名扁。2. 斲轮:斲,音 zhuó,同"斫",以刀斧砍或削。3. 甘:形容滑动貌。4. 苦:形容干涩貌。5. 数:通"术",技术。6. 糟魄:同"糟粕"。

制作车轮的扁说:"我用我个人从事的经验来看。削木为轮,工慢轮子就会松滑不坚固；工快轮子会滞涩而难以装入。只有不慢不快，才能得心应手，这是用嘴巴说不出来的道理，有奥妙的技巧蕴含其中。我无法传授我儿子，我儿子也无法受教于我，所以我已经70岁了却还在制作车轮。古人智能也是有其不能传授之处，那些东西都是死的，那么你现在所读的书，就是古人留下的糟粕。"

## 名句的故事

《天道》篇以阐述自然之义为主，本篇名句为其中最后一段寓言。《天道》篇内容可分为两大部分，前半部是庄子对天道、自然的介绍，从自然规律之运作到万物宇宙的道理，再归结到人法自然，明净观照天道。后半部则以实例说明，如孔子求教于老子，询问宇宙、万物之本；或如本篇以轮扁与桓公对话，述明真意、智理之不可言传性。对天道的阐扬并非道家所独有，或许是因处于相同的文化资源，春秋战国各家思想对于冥冥不可知的"天"，皆试图诠释，将它纳入思想最核心区。即便是持理性论调的儒家，孔子云："吾不言怪力乱神"，但对于宇宙间不可名之的奥妙秩序，还是企图解释它。在儒家大盛的后世，历史上有着不胜枚举因天灾人祸"下诏罪己"的皇帝，也有根据天赐祥瑞想篡位的野心家。

"不徐不疾，得之于手而应于心"背景在春秋时期，主人翁分别是齐桓公与轮扁。齐桓公大家并不陌生，他是春秋五霸的首主,晚年宠信佞臣,诸公子内斗夺权,齐国势力瞬时衰落。扁于斲轮时,看到桓公捧着竹册于堂上读书,不禁问他:"敢问,公之所读者何言邪?"(请问,您读的是什么书呀?)桓公答道:"圣人之言也。"轮扁又问:"圣人在乎?"(圣人还活着吗?)公答:"已死矣。"轮扁于是回答:"然则君之所读者,古人之糟魄已夫!"(这样的话,您读的就是古人留下的糟粕。)桓公听了非常生气,恼羞成怒地责备轮扁:"寡人读书,轮人安得议乎!有说则可,无说则死。"(我读书还轮得到要你评论吗?你最好能说出理由,说不出来就要你死!)轮扁于是说出了本篇名句所摘录的文字。轮扁以个人生活经验连结到宇宙自然之道,智能不在话下。且生命中确实有许多书本无法教授给我们的哲学,所谓"尽信书,不如无书"!

## 历久弥新说名句

本篇故事当中的主角轮扁,原本只是个没没无名的百姓,却因庄子此处的记载而流传千古。轮扁并非姓轮名扁。根据国学大师徐复观先生的研究,西周以前"姓"乃血缘之象征,"氏"则由赏赐的土地命名,但到了战国之后,姓氏两者已结合成一体。在春秋以前除贵族之外,百姓、贱民皆无姓,只称名,故多以职业冠于名后。如轮扁,事实上其名为"扁","轮"方为其职,指制作车轮一事。战国之后由于贵族失势,平民升起,故开始有游士商贾自名其姓,到西汉中晚期,百姓逐渐有了姓氏。西方社会亦是如此，小孩出生也只有名，但随着人口增加与移动，为了快速辨别，逐渐在名字之后，以其职业做附属，最后演变成姓。例如英文中最常出现的两个姓氏，史密斯（Smith）与瑞特（Wright），其原意分别为冶金与工人。

　　轮扁所言之"不徐不疾，得之于手而应于心"，后来常以"得心应手"之面貌出现，有时也作"得手应心"，都是形容心手相应、运用自如的样子。此用法从古至今都十分常见，如宋朝的沈括于《梦溪笔谈》谈论书画的专篇中，曾以评论唐代王维所画的《袁安卧雪图》，有如云中芭蕉，"此乃得心应手，意到便成"，宛若鬼斧神工之妙也。现代作家冰心在其介绍童书写作时，也曾经提到天下没有不劳而获的功夫，万事起头难，都必须经历一段锻炼的过程。因此只有广泛阅读与学习模仿，不断地书写，"不要急于求成，不要急于发表，等到我们写到得心应手的时候，我们才算是开始走上创作的道路。"冰心这段劝勉青少年的话，至今仍让我们受用无穷。

# 大道不称,大辩不言,大仁不仁,大廉不嗛,大勇不忮

## 名句的诞生

夫大道不称[1],大辩不言,大仁不仁,大廉不嗛[2],大勇不忮[3]。道昭而不道,言辩而不及,仁常而不成,廉清而不信,勇忮而不成。五者圆而几向方矣。故知止其所不知,至矣。孰知不言之辩,不道之道?若能有知,此之谓天府[4]。注焉而不满,酌焉而不竭,而不知其所由来,此之谓葆光[5]。

——齐物论

## 完全读懂名句

1. 称:说明。2. 嗛:同"谦",音qiān,谦让。3. 忮:音zhì,违逆、斗狠。4. 天府:自然的宝库。5. 葆光:含蕴普照万方的光芒。比喻智德。

大道不能说明，不辩不须言语，大仁没有偏爱，大廉不用谦让，大勇不必斗狠。道，要是能说明清楚就不是道；言，要用争辩就有所不及；仁，有了固定对象就无法周全；廉，自命清高就太不实在；勇，依靠斗狠就难以成功，以上五者都能把握住，就差不多能通往正确的方向。所以，一个人知道在自己不知道的地方停下来，就算达到极致了！有谁能够知道不须言语的辩论、不须说明的道呢？若能知道就叫做"天府"，也就是自然的宝库，不管注入多少也不会溢出，倒出多少也不会枯涸，但又不知这样的能力从何而来，这就叫做"葆光"，也就是光明的本源。

## 名句的故事

庄子生长在群雄争霸的战国时代，当时各国诸侯为了各自利益，舍得砸下重金礼聘善于辩论的说客为谋士，"言语"成为许多人的求生技能，这些人游走四方，只要完成君王希望达成的目的，坐享荣华富贵也并非难事。

一向自视承继老子"无为而为"脉络的庄子，对于人们因循所学知识，执守在自我认知的层次里，到处大放厥词、说是道非，在此提出其"否定式"的思考。庄子认为真正的道不用说明，真正的言论不必争辩，真正的仁不会偏爱，真正的廉不须谦让，真正的勇是不靠斗狠，意即若要认清"道、辩、仁、廉、勇"的内在本质，必须先从"否定"的层面设想，而非一般人习于从"肯定"的层面来论定。

在众说纷纭的年代里，到底谁说的才是真理呢？靠着争辩而赢的人，真的是对的那一方吗？所谓行仁的人，真有顾虑到全部的人吗？清廉正直的人，难道没有曲高和寡、不近人情吗？喜欢逞强斗狠的人，也能算是勇士吗？庄子欲表明的是，"真相"并非用争论或自以为是而来，当人受制在有限的认知经验，又如何知道自己的言行是对或错的呢？也因此，摒除是非、断绝争辩，懂得知其所止，不再去追逐毫无意义的表述，了解"不言之辩""不道之道"的可贵，就可算是真正明白道理的人了！

## 历久弥新说名句

道家如果没有庄子这号趣味横生的人物，仅靠老子博大精微的"五千言"撑起一家之学，在诸子百家中，相形该会显得寂寞吧！正因庄子的出现，道家精神有了更通透的传承，"老庄"也从此成为道家思想的代名词。

《庄子·齐物论》中："大道不称，大辩不言，大仁不仁，大廉不嗛，大勇不忮。"几乎可说是老子言论的衍生，请看以下五点：一、《老子·第一章》："道可道，非常道。"道可以用言语表达，就不是永恒的道。此正与庄子的"大道不称"相同，意指真理岂是言语能够表达清楚的。二、《老子·第四十五章》："大辩若讷。"最大的辩才，看起来好像是木讷的。此与庄子"大辩不言"之说颇为接近，前者意在少言木讷，后者强调不言缄默，方为真正的辩才。三、《老子·第五章》："天地不仁，以万物为刍狗。"天地没有任何偏爱,把万物当成刍狗。(古人祭祀用品,以草扎成狗的形状,祭祀前备受重视,祭祀后即任意丢弃。)这句话正好和庄子"大仁不仁"的精神如出一辙,唯有无私不偏的"不仁",才称得上是"大仁"。四、《老子·第四十五章》:"大直若屈。"真正的正直,看起来好像是弯曲不直的。这和庄子"大廉不嗛"都是在提醒人,不要刻意显露自己的廉洁清高,行事应保持低调。五、《老子·第七十三章》:"勇于敢则杀。"勇于敢作敢为,就会惹来杀身之祸。此与庄子"大勇不忮"是同样的道理,因为真正的大勇,绝非莽撞逞强的匹夫之勇!

　　唐代诗人王昌龄,其五言绝句《题僧房》:"棕榈花满院,苔藓入闲房。彼此名言绝,空中闻异香。"棕榈花开满了一院子,苔藓已爬入了禅房;宁静的僧院里,众僧相对参禅,彼此没有言语交流,空气中却能闻到一股异香。作者以僧人在参禅当下的"名言绝",营造出一种不可言喻的境界,佛家讲求"不落言诠",意即真正的领悟是没有言语,一旦落入言语的窠臼,马上失去本然的真实!如此看来,道家和佛家都相当推崇"大道不称"的根本智能呢!

骐骥骅骝,
一日而驰千里

# 抟扶摇而上

## 名句的诞生

《齐谐》¹者,志怪者也。《谐》之言曰:"鹏之徙于南冥²也,水击三千里,抟³扶摇而上者九万里,去以六月息⁴者也。"

——逍遥游

## 完全读懂名句

1.《齐谐》:古代志怪之书。2. 南冥:南海。3. 抟:拍击。4. 息:气、风的意思。

《齐谐》这一本书,记载许多怪异的事情。这本书里说:"大鹏鸟要迁徙到南海时,水面溅起三千里高的波涛,它拍翅急遽盘旋而上,飞上九万里高的天空。大鹏鸟去南海是靠着六月刮起的海风。"

## 名句的故事

有关大鹏鸟振翅高飞九万里的传说，庄子在此引述了一本名叫《齐谐》志怪书的内容，以强调自己的所言不假。不过，《庄子》书中有太多似是而非或是依托真实人物的名字，以虚构故事里的情节，因此，历史上是否真有《齐谐》一书，至今仍难以求证。但可以确定的是，后代许多志怪小说，也借"齐谐"为书名，如南朝梁人吴均《续齐谐记》、清人袁枚《新齐谐》（又名《子不语》）等。"齐谐"两字，俨然成了志怪小说的代名词。

大鹏鸟准备一趟南飞之行，其实并不是一件容易的事，光看它展翅高飞的那一瞬间，即能激起三千里高的水花，可见容纳大鹏鸟起飞的海洋有多么辽阔！另外，它还得靠六月刮起的巨风才能成行，如果没有风力的配合，大鹏鸟根本无法"扶摇直上"九万里的高空。

庄子要表明的是，大鹏鸟的心志远大，绝非树上小鸟的"眼界"所能比拟，固然大鹏鸟一心只想飞得高、看得远，达到遨游九万里天际的目的，但它还是必须先找到积水够深的海洋，然后等待六月的大风，在各方面条件都符合之下，心高志远的大鹏鸟才能纵身一搏，成就它昂首高飞、俯瞰地面的不凡旅程。

骐骥骅骝，一日而驰千里

## 历久弥新说名句

《庄子·逍遥游》中大鹏鸟抟扶摇而上的故事，成为后人孤高自许、自命不凡的自喻。唐人李白在他年轻气盛时写了一首诗《上李邕》："大鹏一日同风起，抟摇直上九万里。假令风歇时下来，犹能簸却沧溟水。世人见我恒殊调，闻余大言皆冷笑。宣父犹能畏后生，丈夫未可轻年少。"李白比喻自己是庄子笔下凭恃风力直上九万里的大鹏鸟，即使在风停下落之时，也足以遮蔽江河的水，但世人看他表现与众不同的调子，时常放出大言冷笑他。李白对这些人的批评，一点都不以为意，因为连宣父（即孔子）都说过"后生可畏"这样的话。那些所谓的大丈夫们，又怎么可以轻视少年郎呢？李白意在告诉渝州（今四川）刺史李邕，请他以孔子为榜样，千万不要轻视年轻人。

但李白的一生终究怀才不遇，到了他62岁临终前，依然念念不忘过去怀抱的高远志向，在《临终歌》写道："大鹏飞兮振八裔，中天摧兮力不济。余风激兮万世，游扶桑兮挂左袂。后人得知传此，仲尼亡兮谁为出涕？"其意为大鹏鸟展翅高飞，气势撼动四面八方，可是当它飞到东方，不幸被扶桑树挂住了左翅，使它无力再飞翔了！但它的余风仍可激荡千秋万世，后世也将对大鹏鸟的殒落传诵不已。又老又病的李白，豪情不减当年，相信终有后世的知音人理解他的"鹏鸟之志"！

# 朝菌不知晦朔，蟪蛄不知春秋

## 名句的诞生

　　朝菌[1]不知晦朔，蟪蛄[2]不知春秋，此小年也。楚之南有冥灵[3]者，以五百岁为春，五百岁为秋；上古有大椿者，以八千岁为春，八千岁为秋，此大年也。而彭祖[4]乃今以久特闻，众人匹[5]之，不亦悲乎！

——逍遥游

## 完全读懂名句

　　1. 朝菌：朝生暮死的菌类。2. 蟪蛄：音 huì gū，春生夏死、夏生秋死的蝉类。3. 冥灵：木名，即神话传说中的树木。4. 彭祖：尧的臣子籛铿，相传活了八百岁，因封于彭城，故称"彭祖"。后世用以代表长寿的人。5. 匹：相较、相比。

　　朝菌不知道什么是一天的时光，蝉不知道什么是一年的时光,这些都属于小寿命。楚国南方有一棵冥灵树,以五百年为一个春季,五百年为一个秋季;上古时代有一棵大椿树,以八千年为一个春季,八千年为一个秋季,这些都是属于大寿命。至于彭祖活了八百岁,到现在都还以长寿闻名,一般人和彭祖相比,不觉得很悲哀吗?

## 名句的故事

庄子以"朝菌"、"蟪蛄"比喻生命的短促,这两种生物后来也被引申为见识短浅的意思;他又以尧帝时代的"彭祖",作为人类生命长久者的象征,后人也习于以"彭祖"比喻长寿。

朝生暮死的朝菌,和不知春秋的蝉类一样,都是世间短暂生命的代表,冥灵、椿树和彭祖可说是世间长寿的代表。一个人如果致力追求长寿,想要自己的寿命延长,但他只要和活到八百岁的彭祖相比,一下就被比下去了,因为从来没听过哪个人的寿命,可以超越过彭祖,那么追求所谓的长寿,又有什么意义呢?

庄子要表明的是,不管任何个体,都会受到本身条件的客观限制而蒙蔽,诸如大小、长短、高下之别,也都是透过比较后产生的对照,导致无法跳脱自身的角度,看清事实的真相。如果个体可以摆脱"知"与"年"的局限,不管是"彭祖"或是"朝菌",都能拥有一片海阔天空。

## 历久弥新说名句

　　唐人杜牧的诗文，向来以讽刺时弊闻名，其七言绝句《过魏文贞公宅》的前两句："蟪蛄宁与雪霜期，贤哲难教俗士知。"意思是说，能耐冬天雪霜的松柏，岂能与过不了冬天的蟪蛄相遇？贤哲的美好德性，难以让眼光短浅的俗人知晓。诗人不明言长青的松柏树，而以"雪霜"代称，比喻贤哲历久不衰的洁白节操；至于和松柏对照的"蟪蛄"，正是用来讽喻那些见识短浅、目光如豆的"俗士"。诗题中的"魏文贞公"，即是唐太宗时期的名臣魏征。杜牧在长安经过两百年前魏征住过的府第，有感而发写下的一首诗。

　　南宋文人刘克庄，其词《木兰花慢》下片写道："君言往事勿重陈。且斗酒边身。也不会区区，算他甲子，记甚庚寅。尔曹譬如朝菌，又安知、老柏与灵椿，世上荣华难保，古来名节如新。"词中借酒抒发心志，将朝中无恶不作的小人，比为仅有一日寿命的"朝菌"，朝菌当然无法体会老柏树与灵椿树长寿的心情。正是因为小人只顾眼前利益，才会不知自古以来，唯有"名节"才能让人历久如新！

# 褚小者不可以怀大，
# 绠短者不可以汲深

## 名句的诞生

昔者管子有言，丘¹甚善之，曰："褚²小者不可以怀大，绠³短者不可以汲深。"

——至乐

## 完全读懂名句

1. 丘：这是孔子的自称。2. 褚：口袋。3. 绠：汲水所用的绳子。

以前管仲曾经说过一句话，我非常同意，这话是说："小的袋子不能拿来装大东西，短的绳子不能用来提深井的水。"

## 名句的故事

　　颜渊出发向东边的齐国而去，孔子竟感到十分忧虑。于是他的弟子子贡便向前问道："学生冒昧地向您请教，颜渊要到齐国去，为何先生面有忧愁呢？"孔子即举出布袋与短绳的例子，说明万物有不同的优点，如果用错地方，可能就无法发挥长处。成语"绠短汲深"就是出自这个名句，后人用它来比喻才力无法胜任。

　　原来孔子担心的是，颜渊会向齐君谈及黄帝、尧、舜等圣君的治国理念，而且还推崇燧人氏、神农氏等人的理想。一旦齐君无法接受这样的理念，届时恐怕会愤而杀害颜渊。

　　孔子继续比喻，曾经有一只海鸟停驻在鲁国的野外，鲁国的君王用马车去载它，并且在庙堂上设宴款待。但是海鸟感到迷惑，不敢吃也不敢喝，过了三天后就死了。这是因为鲁国的君王用奉养自己的方法来养鸟，而不是用养鸟的方法对待鸟，就好比鱼应该在水里生活、人在水里便会淹死的道理一样，鸟必须让它在天上飞啊！

　　我们从这可以看出一个道理，颜渊如果想要避免杀身之祸，必须顺着齐国君王的心意而阐述他的政治理念。但是，孔子深知颜渊正直的个性与齐君根本是相背的，因此十分忧心颜渊无法受到赏识，甚至牺牲生命。庄子用这个故事说明"命有所成而形有所适"，意即性命的形成有它一定的道理，而形体必然有它所应该适用之处。

## 历久弥新说名句

《荀子·荣辱》篇也有类似的说法："短绠不可以汲深井之泉，知不几者不可与及圣人之言。"意思是说，短的绳子是无法用来提取深井中的水，而对于学问无法见微知著者，是无法与他谈论圣人的道理。再者，《淮南子·说林训》也记载："短绠不可以汲深，器小不可以盛大，非其任也。"容量小的器具自然无法盛太大的物品，因为这不是它们所能发挥之处。

也有将"绠短汲深"用于谦虚之时，如历史学教授黄俊杰先生在为《中国经典诠释传统》出版作序时曾写道："前路方遥，绠短汲深，我们诚恳地盼望海内外学界先进的指教。"这就是一种自谦。

# 井蛙不可以语于海者，
# 夏虫不可以语于冰者

## 名句的诞生

井蛙不可以语于海者，拘于虚[1]也；夏虫不可以语于冰者，笃于时[2]也；曲士[3]不可以语于道者，束于教[4]也。今尔出于崖涘[5]，观于大海，乃知尔丑，尔将可与语大理矣。

——秋水

## 完全读懂名句

1. 虚：同"墟"，山丘。2. 时：时节，时候。3. 曲士：只懂一部分道理的偏执之人。4. 教：指礼教。5. 崖涘：涘，音 sì，岸；崖涘，崖岸。

井里的蛙不可以和它谈论关于大海的事，此乃受了地域的拘限；夏天的虫子不可以跟它谈论何谓冰冻，这是因为受了时节的

骐骥骅骝，一日而驰千里

禁锢；乡下书生无法跟他谈论大道里，这是因为受到礼教的束缚。现在你从山崖出来，看见大海，知道自己的渺小、丑陋，已经可以跟你谈一些大道理了。

## 名句的故事

庄子在《秋水》篇中以河伯与北海若为主角，二者互相对话，共有七问七答。河伯原为陆地百川之汇合，以为天下之美为尽在己，欣然自喜，一朝顺流而下，却发现百川之河汇于北海，而始知疏寡，故望洋而叹。庄子以河伯代表识见狭小的俗世之人，以北海若虚怀若谷来宣扬宇宙自然的雄伟、无穷。藉由河伯与北海若的对话，重新诠释价值轻重，将道家对事物消长的变化性、相生相克的哲学展现出来。

刚出海的河伯犹如井底之蛙乍见广阔天地，既惊讶又自叹不如，始知己之渺小，北海若同声附和，说道："井蛙不可以语于海者，拘于虚也；夏虫不可以语于冰者，笃于时也；曲士不可以语于道者，束于教也。"北海若之所以发出此话，也是为了连串其后"乃知尔丑，尔将可与语大理矣"的看法。不论井底之蛙或夏天之虫、浅薄曲士，都因为外在的拘限而无法认识了解世界其他面向。这即是道家思想亟欲告诫后人的智能，"吾在天地之间，犹小石小木之在大山也，方存乎见少，又奚以自多！"人生之道即在于此，切莫以有限来揣测无限，更不可见少而自以为多，万物宇宙远比个人来得广袤无穷。

## 历久弥新说名句

　　井底之蛙遇上东海之鳖,原本青蛙安于自己的一方天地,故自傲地发出"吾乐与"!但当东海之鳖也想跳下井尝试其乐,却发现"左足未入,而右膝已至絷矣",水井太小根本容不下它的身躯。于是东海之鳖开始对井蛙说东海之大及其乐,青蛙听了不禁怅然若失,它过去满意的天堂也不过尔尔罢了。之后"夏虫语冰"成为比喻人见识短浅的意思。

　　如清代著名的考证学家李慈铭,在其著作《越缦堂读书记》言:"宋以后人不知古义,以纬书为怪诞,妄诋郑君,亦夏虫之见矣。"纬书的出现主要是因为秦始皇焚书坑儒,使得春秋战国许多学派的著作于是散佚,尤其是古代治国经邦的典籍。入汉之后,朝廷不断征招民间余留的经书,民间附经杂以阴阳数术,即为纬书。至魏晋南北朝之后受到质疑,故此后不再流传,纬书散佚严重。李慈铭因此批判宋人识见过于狭隘。

# 鹪鹩巢于深林,不过一枝;
# 偃鼠饮河,不过满腹

## 名句的诞生

吾将为实乎?鹪鹩¹巢于深林,不过一枝;偃鼠²饮河,不过满腹。

——逍遥游

## 完全读懂名句

1. 鹪鹩:鸟名,叫声悦耳,短尾常翘于背上,喜欢步行、跳跃。2. 偃鼠:即鼹鼠。

我难道会追求外在的虚名吗?鹪鹩在深林中筑巢,所占的不过是一根树枝;鼹鼠口渴,只喝一些河水肚子就饱。

## 名句的故事

擅用比喻的庄子,这次用了鹪鹩、偃鼠的生活习性作为例子。事情发生在帝尧与许由间,讨论的焦点是谁可以治理天下。禅让政治的时代标榜选贤与能者来担任君王,治理天下百姓。许由被帝尧视为最理想的接班人,因此屡屡游说许由接受,但是许由不肯,并提出了鹪鹩、偃鼠的例子。

许由想告诉帝尧,他不是一个寻求外在虚名的人,也不是一个有野心的人。能像鹪鹩一样有个简单的居住地方,像偃鼠一样有简单可以温饱的饮食,这样的人生对他而言就足够了。

"鹪鹩巢林,不过一枝"、"鹪鹩一枝"、"偃鼠饮河"、"巢林一枝"等成语,都是用来形容一个人对物质生活所求不多,也用来勉励人要懂得知足常乐,或是勉励人要安分守己。

## 历久弥新说名句

李沆是宋真宗的宰相,是一位谨言慎行、奉公守法的好官,他家中的客厅小得只容许马身掉转回头。不论是他的弟弟、妻子或外人,都劝他换个大一点的房子。李沆最后告诉大家:"今市新宅,须一年缮完,人生朝暮不可保,又岂能久居?巢林一枝,聊自足耳,安事丰屋哉?"意即布置新的房子需要一年的时间,而人的生命却随时有可能结束,岂能一直住在房子里?我们只要像鸟一样有个可以栖息的地方就好了,何须大房子呢?李沆充分显示他知足的一面。

"鹪鹩一枝"也是同样的意义,例如唐朝诗人白居易在《我身》中说:"穷则为鹪鹩,一枝足自容。"如果穷困潦倒,那么就当自己是一只鹪鹩,只要有个栖身之所便可以了。

清朝文人许葭村着有一本《秋水轩尺牍》,其中有篇《托郑莘田代友谋事》,他写道:"夙承知爱之情,鹪鹩一枝,重望嘘借。"意思是说,向来承蒙您的了解与爱护,鹪鹩也不过需要一只树枝,还希望有您的推荐了。因为鹪鹩做窝只占用一根树枝,我们比喻为一个安身之处,这个窝之后也成为工作岗位的代称,所以后人也把"鹪鹩一枝"作为请托别人找工作的成语。

谢灵运曾经在《山居赋》一文中,勾勒南朝时期的庄园经济状况,自家是"阡陌纵横,塍埒交经"(塍埒,稻田之间的界线),意即形容谢家本身拥有许多田产。谢灵运在富裕的生活背景中以为:"生何待于多资,理取足于满腹。"人生何必需要多余的东西,只要合理取得可以温饱的物资就好了。谢灵运殊不知自己生在可以自足的家庭中是非常幸运的,很多没有稻田的小老百姓,应该无法同意他的观点。

# 豹养其内而虎食其外，
# 毅养其外而病攻其内

## 名句的诞生

田开之曰："鲁有单豹者，岩居而水饮¹，不与民共利，行年²七十而犹有婴儿之色；不幸遇饿虎，饿虎杀而食之。有张毅者，高门、县薄³，无不走⁴也，行年四十而有内热之病⁵以死。豹养其内而虎食其外，毅养其外而病攻其内，此二子者，皆不鞭其后者⁶也。"

——达生

## 完全读懂名句

1. 岩居而水饮：隐居在岩洞之中，喝山间的泉水，指隐居于山林之中。2. 行年：年纪。3. 高门、县薄：高门，高大的门户；县薄是门前挂着帘帐用以遮蔽。前者是指富贵人家，后者是指平民百姓。县音xuán，悬挂；薄，帘子。4. 走：奔走，指接触、往来。5. 内热之病：中医人体内阴阳不协调，虚火上升叫做"内热"。这里是指由体内而产生的病痛。6. 鞭其后者：用鞭子驱赶走在后面的（羊）。指行走在两个极端，而不能折中。

田开之说："鲁国有一个叫单豹的人，他隐居在岩洞之中，喝山间的泉水，不与人争夺名利，年纪70岁了，还是有婴儿般的脸色；不幸碰到饿虎，饿虎将他扑杀吃掉了。另外有一个人叫张毅，无论是富贵人家，或者一般平民百姓，没有不去奔走交往的，年纪40岁得了内热病而死。单豹修养内在而虎吃他的外形，张毅追求外在而疾病侵入他的体内，这两个人，都是没有赶最后不及的羊啊。"

## 名句的故事

田开之有一次去见周威公，威公知道他是善于养生的祝肾的学生，于是问他在祝肾那边学到了什么养生的方法。田开之回答："我只是在老师的门前，拿着扫帚洒扫门庭而已，还没能学到什么。"威公请他不要谦虚了。田开之于是回答："曾听老师说过：'善于养生的人，就像放牧羊只一样，看见落后于队伍的，就用鞭子去驱赶它。'"威公不懂其中的意思，于是田开之举了单豹及张毅的例子作为说明。

单豹跟张毅分别走在两个极端：单豹因为清心寡欲，居住在深山之中修养德行，但却被饿虎吃掉了外形；张毅与权势富贵者往来，希望求取外在的名利，却被疾病攻入内心。二者都各偏执于一边，也就是祝肾所说的，没有鞭赶落后的羊，达到折中之道，因此最后形体终究是消逝了。

## 历久弥新说名句

隐士看破名利、纵情于山林的生活态度，一直为中国文人羡慕向往。在这里所提到的隐士单豹，他"岩居而水饮，不与民共利"的形象，自然也被后人所推崇。唐代的散文家、寓言家柳宗元，曾写了一首《种术》诗，当中就提到了单豹的典故，诗云："悟拙甘自足，激清愧同波。单豹且理内，高门复如何。"用深居理内的单豹与奔走高门的张毅对比，认为人应当要持守清廉朴拙，不与人同流合污，如同单豹那样致力于修养自己的内在，而家门显赫的富贵人家，于我又何干呢？自然也不必如张毅一般，汲汲营营于富贵名利。

# 骐骥骅骝,一日而驰千里

## 名句的诞生

梁丽¹可以冲城,而不可以窒²穴,言殊器也;骐骥³骅骝⁴,一日而驰千里,捕鼠不如狸狌⁵,言殊技也。

——秋水

## 完全读懂名句

1. 梁丽:房屋的栋梁。2. 窒:阻塞、充填。3. 骐骥:骏马、良马、千里马。4. 骅骝:周穆王八匹骏马之一。后用以泛指红色的骏马。5. 狸狌:野猫。狌,音 shēng。

房屋的栋梁可以用来冲撞城门,却无法塞住洞穴,这是因为器具不同;骐骥、骅骝这样的好马一天可以奔跑到千里,但是抓老鼠的本事却不会比野猫厉害,这是因为技能的不同。

## 名句的故事

庄子的这句名言是着眼于万物因其特性之不同，所以有不同的功用。

尧、舜因为禅让政治所以成为君王，造就上古时代的圣贤之治。但是，战国时代的燕王哙禅让王位给宰相子之，却导致燕国内乱，进而亡国；而商汤与周武王却都是用争夺取得王位。因此，究竟唐尧的圣贤之道与夏桀的暴虐之道，哪个高贵、哪个低贱，其实都是各有其时代背景的。

接着庄子便提出好马虽然跑得快，却无法像野猫一样的抓老鼠，因为好马的功用不在于抓老鼠；猫头鹰可以在夜间看到很细微的东西，在白天却看不见大山丘，因为猫头鹰的特长在黑夜才能发挥。所以，是与非、治与乱，是共存，也是一体两面。今日的是，可能变成未来的非。强调行为因时空的变迁，而有不同的评判标准，因此这世上没有永久不变的常道，万物也没有绝对的优秀或无能。这句名言中衍生出的成语"一日千里"，被后人用来比喻一个人进步神速或事业发展得很快。

## 历久弥新说名句

《史记·刺客列传》的撰述中，田光向燕国太子推荐荆轲时说道："臣闻骐骥盛壮之时，一日而驰千里；至其衰老；驽马先之。"听说千里马在壮盛之年的时候，一天可以跑上千里，等到它年老力衰的时候，就会被其他的马超越了。田光把自己比喻成年老力衰的千里马，告诉燕国太子他已经无法有作为了，进而指出年轻的荆轲可以为燕国的栋梁。田光之举，将"荆轲刺秦王"送上了历史舞台。

而《后汉书·王允传》记载，东汉的贤人郭林宗看见他的同乡王允，积极学文习武，短短几年之内便有神速的进步，便称赞王允说："王生一日千里，王佐才也。"意思是说，王允才能进步的速度就像千里马一样可以一天跑千里的路程，真的是辅佐帝王事业的人才啊！果真，王允后来在汉献帝的手下担任司徒一职，因不满董卓篡夺政权，便联合吕布杀死董卓。

项羽的座骑叫做乌骓（zhuī，毛色苍白相杂的马），这匹马追随项羽建立了不少战功。之后项羽败在刘邦的手上，一路奔逃来到乌江边，他告诉乌江亭长："吾骑此马五岁，所当亡敌，尝一日千里，吾不忍杀，以赐公。"说毕，项羽便以无颜见江东父老，惨败自尽；令人惊讶的是，忠心耿耿的乌骓马也随之跳乌江而死。

# 鸟兽不厌高，鱼鳖不厌深

## 名句的诞生

庚桑子[1]曰："小子来！夫函车之兽[2]，介[3]而离山，则不免网罟之患；吞舟之鱼，砀而失水[4]，则蚁能苦之。故鸟兽不厌高，鱼鳖不厌深。夫全其形生之人，藏其身也，不厌深眇[5]而已矣！"

——庚桑楚

## 完全读懂名句

1. 庚桑子：人名，老聃弟子，姓庚桑，名楚。2. 函车之兽：口能含车的大兽。函：包含。"函车"与"吞舟"对文。3. 介：独自。4. 砀而失水：因潮汐激荡而离水搁浅于岸。砀，同"荡"。5. 眇：通"渺"，高远。

庚桑楚说："小伙子们，过来！那口能含车的巨兽，独自离开山林，就免不了要受到网罗的祸害；口能吞舟的大鱼，游荡失水，就算是蚂蚁也能侵害它。所以，鸟兽从不满足飞栖的高度，鱼鳖从不满足游水的深度。重视保全形体生命的人，隐匿自身时，也总不易满足远迹尘俗、深就山泉的生活。"

## 名句的故事

庄子认为重视保养生命的人，就应该远离尘俗。不然，即使像凶猛的巨兽、兴风作浪的大鱼，一旦离开擅长的领域，就会受到侵害。

《养生主》篇记载，水边的野鸡在野外觅食，在水泽边奔跑跳跃，很久才能吃到一餐，走上百步才喝得到一口水，可是它并不期望被豢养在人类的牢笼中，关在笼子里虽然每天都有丰盛的食物，尽管神气旺盛但是并不自由、不快乐！

在祭祀典礼中的牛，被人们豢养了好几年之后，披着纹绣，牵入太庙。当要祭祀宰杀的时候，它即使想做一只自食其力的小牛，还有可能吗？所以，富贵固然好，但因富贵所带来的灾祸降临身上的时侯，就算悔恨当初不该贪图富贵也来不及了。

## 历久弥新说名句

在新闻报章杂志当中，每每见到公众人物的行为举止受到媒体的监督而大吐苦水。俗话说："怕热就不要进厨房"，如果崇尚自由，想保有隐私不受拘束，就要远离公共领域，隐身于市井小民之中。否则，随时随地都得让人用放大镜去检视一言一行，这就是富贵的代价。

东晋时代的田园诗人陶渊明，天性质朴，真淳自然，他的《五柳先生传》一文，为自己的性格做了最好的写照，"好读书，不求甚解"，喜欢喝酒而淡泊名利。从他所作的田园诗当中，流露出他热爱田园、安于贫贱的个性。最初只因为家道中落，为了家庭的经济支出，不得已出来当官，但是一上任，只做了80天，看不惯官场的陋习，对于官场之间的送往迎来、鞠躬哈腰更是无法适应。于是便毅然决然辞官回归故里，不再为"五斗米折腰"。他辞官之后，从他的诗作《归田园居》唱着："久在攀笼里，复得返自然"，把从前置身在官场的自己，比喻做禁锢在笼子里的鸟无法自由飞翔，而现在能够返回自然，重新享受函车之兽、吞舟之鱼的快乐！这就是人生的抉择，其中自然有高下的不同。

# 不辩牛马

## 名句的诞生

秋水时至,百川灌¹河。泾流²之大,两涘³渚⁴崖之间,不辩⁵牛马。于是焉河伯欣然自喜,以天下之美为尽在己。

——秋水

## 完全读懂名句

1. 灌:注入、聚集之意。2. 泾流:流动的河水。3. 涘:音sì,岸边。4. 渚:音zhǔ,水中的陆地。5. 辩:通"辨",判别、分别。

流水因为秋天的到来,各大河川的水都往黄河汇集而去。河水流动的面积之大,隔着两岸或在水中的沙洲中看去,根本分辨不清岸边的是牛还是马。于是河神感到非常高兴,认为天下最美的就是自己。

## 名句的故事

庄子在《秋水》篇,透过河伯与海神之间的对话,阐述天地之大、万物之多,各色物种都有其特色和长处,与其他物种都有不可相提并论的道理,最重要的是发挥自己所扮演角色的功能,而这也就是大道奥妙之所在。

当河神感受到百川汇聚时的澎湃,祂非常感动并且骄傲,认为自己容纳了天下的最美。然而当祂继续向东,来到北海时,放眼望去,居然看不到尽头,祂才改变欣喜若狂的脸色,叹息地对海神说:"闻道百以为莫己若者。"河神说,祂自认为听过的大道很多,没人比得上自己了。但遇到海神后,祂才发觉事实不是如此。河神误以为自己已经是最宽广无边的,没想到过了个弯,才发现有比祂更无边无际的海洋。这就是俗话常说"一山还有一山高"的道理。

只是,不论是黄河,或者是北海,都有它们的作用。如果没有黄河,中国不会是一个最早以农立国的国家,也不会发展出黄河流域的伟大文明;如果没有北海的接轨,黄河汇聚的百川之水,早已泛滥在中国的大地了。

## 历久弥新说名句

而后人则将"不辩牛马"用来形容分不清左右方向或是搞不清楚状况。例如明末清初的才子金圣叹评论施耐庵的《水浒传》

时便说:"看书要有眼力,非可随文发放也。"(《金圣叹文集》第三回)读书时要懂得找前后文之间所铺设的线索,才不会"目不辨牛马",搞不清楚人物、事件之间的关系。

而自古以来对黄河澎湃、壮阔的气势,多有所描述,例如我们耳熟能详的李白的《将进酒》:"君不见黄河之水天上来,奔流到海不复回!"黄河的水当然不是从天上掉下来,而是诗人仿真的比喻,形容黄河绵延无尽的长。

《尔雅》也记述:"河出昆仑虚,色白,所渠并千七百,一川色黄。"虚是"墟"的古字,意思是高大的丘陵。这句话是说,黄河起源于昆仑山脉,源头河水的颜色是白色,等到黄河汇聚了将近一千七百条大小河川的水流后,黄河就真的是"黄"河了。

从上亦可知,黄河不只汇聚百川,甚至是汇聚千川,因此水量之庞大、水流之湍急,更形成天险,历史上曾有"天下黄河不架桥"的说法。直到明朝洪武年间,鉴于甘肃兰州的经济价值与战略地位,便用木板搭成一座浮桥"镇远桥",才打破了这个说法。据说,当时用了24艘大船才得以贯连这座桥。

# 入兽不乱群,入鸟不乱行

## 名句的诞生

入兽不乱群,入鸟不乱行。鸟兽不恶[1],而况人乎?

——山木

## 完全读懂名句

1. 恶:憎恨、讨厌。

走入兽群,野兽不会惊乱;飞入鸟群,群鸟不会骚动。连鸟兽都不会厌弃他,更何况是人类?

## 名句的故事

孔子为了施展政治抱负而周游列国,其中陈国、蔡国两国并不打算重用孔子,但也不希望孔子为楚国所用,让楚国变得强大。因此陈蔡两国派人包围孔子与他的弟子们，目的是限制他们的行动。

孔子一行人被困住在陈国与蔡国之间，长达七天七夜，这段时期无法生火煮饭。太公任前去探望他说："你几乎要死了吗？"孔子说："是的。"太公任又问："你厌恶死亡吗？"孔子回答："是的。"

太公任便劝他，长得很直的树木总是先被砍伐，甘甜的井水总是先被喝光，而人就是"自伐者无功，功成者堕，名成者亏"。意即，自负有才能的人无法有成就，事业有成后却不知退隐者必定会遭致失败，有声名后却不知韬光隐晦者必定会受到毁谤。

太公任更进一步比喻，大道运行天下却不曾炫耀，只是默默地与万物融合在一起，而真正的圣人也是这样不求声闻名利的呀！孔子听完之后，便辞别朋友、弟子，离群隐居，跟兽群、鸟群融为一体。

这个故事中的太公任就是老子。孔子的出世思想原本就与庄子对立，但是庄子却让孔子成为他的思想的代言人，还把老子搬出来，让孔子的思想立场倒过来他这一边，向天下人强调他清静无为的处世哲学。

## 历久弥新说名句

道家所说的"人"与"道"是在同一个层次上，而这个人是指已经超越自我的"人"，这样的人方可与兽群、鸟群融为一体，因为这样的人已经达到"物我两忘"、"无我"的境界。

大诗人王维浸淫佛学禅理甚深,在他的《戏赠张五弟湮》中说:"我家南山下,动息自遗身。入鸟不相乱,见兽皆相亲。"王维说,他住在南山山脚下,已经从出仕与退隐的问题中超脱出来,达到与鸟群、兽群都可以和睦相处的"无我"境地。

"物我相亲"的世界不是只有中国哲学家追求,连中国的政治家都希望达到这个理想世界。宋朝的张载在其著作《西铭》说:"民吾同胞,物吾与也。"意即天下百姓都是我的同胞兄弟,自然万物也是与我相为伴,因此万物和人都是这个世界的成员,彼此之间要相亲相爱。

这里的"民胞物与"是博爱的精神,希望世界和平;而庄子的"鸟兽相亲"或"物我相亲",则是属于私我达到的修行境界,希望个人与"道"融为一体。

德国唯心主义哲学家叔本华从美学的角度,看待万物与人之间的关系,他认为透过美的观察,可以消除万物与个人自我之间对立的差异性,达到物我合一以至于忘我的境界。这样的美的观照,其实就是一种修行的境界,与庄子的"入兽不乱群,入鸟不乱行"的理想,有异曲同工之妙呀!

# 瞽者无以与乎文章之观，
# 聋者无以与乎钟鼓之声

## 名句的诞生

瞽者[1] 无以与[2] 乎文章之观[3]，聋者[4] 无以与乎钟鼓之声，岂唯[5] 形骸有聋盲哉？夫知[6] 亦有之。

——逍遥游

## 完全读懂名句

1. 瞽者：眼瞎。2. 与：参与。3. 文章之观：文章即文采，指华美的色彩和花纹。观：景色。4. 聋者：聋子。5. 岂唯：难道只有。6. 知：通智，指认识。

瞎子不能看见有文彩的景物，聋子不能听见钟鼓的声音。难道只有身体官能上有缺陷吗？在知识上也存在着如聋似瞎的缺陷。

303

## 名句的故事

如果说瞎子和聋子,无法看到美好的景物、听到优美的乐音,是因为先天形体的缺陷,造成本能上的局限。那么,知识上受到限制,则是因为受到观念和立场的偏执所蒙蔽。

在《庄子·秋水》中提到:"井蛙不可语于海者,拘于虚也;夏虫不可语于冰者,笃于时也;曲士不可语于道者,束于教也。"井底之蛙是不能和它谈论大海的广阔的,因为它只窝在小小的枯井之中,受到空间上的限制;夏天生长的昆虫是不能和它谈论冬天冰雪有多么寒冷的,因为它只存活在夏天短短几个月,受到时间上的限制;乡间的读书人是不可以和他们谈论大道的,因为他们被礼教所束缚住了,受到主观思想上的限制。

所以,庄子认为人对具体事物的认知,不仅是由人类的本性所决定,人的存在也受到时间、空间和主观的立场与制约。更进一步来说,如果从各种受到限制条件所得到的知识,这样的知识是否还能达到客观的立场呢?

## 历久弥新说名句

在佛教经典《大般涅槃经》卷三二有一则故事。有一群瞎子想知道大象是什么模样,他们纷纷围着大象,去触摸象的身体。摸到鼻子的说大象像一根管子,摸到耳朵的说像一把扇子,摸到象牙的说像一根萝卜,摸到象身的说像一堵墙,摸到腿的说像一根柱子,摸到尾巴的说像一条绳子。因此"瞎子摸象"便成为一则成语,用来讽刺那些观察事物片面、只见局部却不见整体的人。

苏东坡有一篇文章《日喻》,是说有个瞎子因为天生的缺陷,从来不曾见过太阳,凭着别人向他描绘太阳的模样就像铜盘一样。于是他敲铜盘而有声,之后听到钟声,就以为是太阳。又有人说太阳光像蜡烛,他摸了蜡烛的形状,之后摸到钥匙,也以为这就是太阳。后来,凡对事物的本质不求甚解,凭臆测妄下断语以致产生误会的情况,便用"扣盘扪烛"的成语来形容。

不过,有人虽然四肢健全,目光澄澈,却整日浑浑噩噩,不知所为活了一辈,虽然身体健康,却是心盲。

有一个小故事是关于苦行僧与盲人的对话。话说一位苦行僧在晚上转过一条巷子时,看见有一团晕黄的灯光正从巷子深处静静地移了过来。他听到有个村民说:"瞎子过来了。"僧人听了十分吃惊,就问那个村民:"那挑着灯笼的人,真的是一位盲人吗?"村民肯定地告诉苦行僧他是个盲人没错。苦行僧百思不得其解。一个双目失明的盲人,他没有白天和黑夜的概念,提着灯笼自己又看不见道路。他甚至不知道灯光是什么样子的,他挑一盏灯笼岂不令人觉得迷惘和可笑?

那灯笼渐渐近了,晕黄的灯光渐渐移到了僧人的跟前。僧人忍不住上前问道:"很抱歉地问一声,施主真的是一位盲者吗?"

那挑灯笼的盲人回答他:"是的,从踏进这个世界,我就一直双眼混沌。"僧人问:"既然你什么也看不见,那你为何挑一盏灯笼呢?"盲者说:"现在是黑夜吧?我听说在黑夜里要是没有灯光,那么全世界的人都和我一样是盲人,所以我就点燃了一盏灯笼。"

　　僧人若有所悟地说:"原来你是为别人照明啊?"但那盲人却说:"不,我是为自己!"僧人又愣了。盲者缓缓地问僧人:"你是否因为夜色漆黑而被其他行人碰撞过?"僧人说:"是啊!经常会遇到的事情。就在刚才,还被两个人不留心碰撞过。"盲人听了,就得意地说:"但我就没有。虽说我是盲人,我什么也看不见,但我挑了这盏灯笼,既为别人照亮了,也更让别人看见了我,这样,他们就不会因为看不见而撞到我了。"苦行僧听了恍然大悟。

# 背负青天而莫之夭阏者,
# 而后乃今将图南

## 名句的诞生

且夫水之积也不厚,则其负大舟也无力。覆¹杯水于坳堂²之上,则芥³为之舟;置杯焉则胶⁴,水浅而舟大也。风之积也不厚,则其负大翼也无力。故九万里则风斯在下矣。而后乃今培风⁵,背负青天而莫之夭阏⁶者,而后乃今将图南。

——逍遥游

## 完全读懂名句

1. 覆:倾倒。2. 坳堂:音āo,可容小水的低洼地。3. 芥:小草。4. 胶:黏。5. 培风:培,通"凭"。培风,即乘风之意。6. 夭阏:阏,音è。夭阏,阻碍之意。

如果水的积累不够深,则无力负载大船。倒一杯水在小洼地上，只能以小草为船。如果将杯器放置在小洼地上就会黏着不动，因为水浅而船大。风积累的力量不够厚实，也就无力负载巨大的羽翼。所以鹏鸟高飞九万里，狂风就在其下，然后才能如现今凭借风力。背倚青天却没有阻碍，然后才能如现今一路向南方飞去。

## 名句的故事

这段文字出自于《逍遥游》篇，庄子在文章一开始，便着墨于大鹏的巨壮之姿，能乘风飞至九万里高空。又借水之于舟，譬喻狂风之于鹏。而鹏之雄心壮志与力道，绝非蜩与学鸠这等小蝉小雀所能理解。小雀的视域与《秋水》篇所谓的"井蛙不可以语于海者"或是"夏虫不可语于冰者"如出一辙。"井底之蛙"的小知小见者，是无法想见海洋的壮阔的。

"而后乃今培风，背负青天而莫之夭阏者，而后乃今将图南"一句，在小说《红楼梦》第七十回"林黛玉重建桃花社，史湘云偶填柳絮词"中有一相类的词句，然而情境却大异其趣。话说海棠诗社在散后一年，正逢初春时节，众人意想趁此"万物逢春"之际，重起诗社，且更名为"桃花诗社"。当时，宝玉、黛玉、宝钗、探春等人以"柳絮"为题填词。众人所写，皆是感伤之作，独宝钗力排众议，说："我想柳絮原是一件轻薄无根的东西，依我的主意，偏要把它说好了，才不落套。"她的《临江仙》果然与众不同，最末一句尤其绝妙："韶华休笑本无根，好风凭借力,送我上青云。"意即:春光你莫笑我没有根,凭借着好风的力量,送我上青云。而事实上,青云更意指着飞黄腾达,居高位之意,也可说充分显现她热中世俗功名一面。自从她与宝玉成亲之后,就一再软硬兼施,要宝玉回到世俗正途,在这句词里,读者对她的心态一览无遗。

## 历久弥新说名句

中国文学中,言及"青天"、"青云"者不在少数,延伸出的意境也大异其趣。

诗仙李白,在《梦游天姥吟留别》,借着梦境神游天姥山的奇境,仿佛云天洞开,奇幻迷离,诗中说:"谢公宿处今尚在,绿水荡漾清猿啼。脚着谢公屐,身登青云梯。"谢公即是山水诗人谢灵运。谢灵运长年寄情于山水,登群山巨壑。他自制木屐,前后有活轮。上山便卸去前齿,下山则卸后齿,以求身体平衡。其诗《登石门最高顶》有诗句:"惜无同怀客,共登青云梯。"李白此处可谓呼应谢灵运的青云壮志。

但在《蜀道难》一诗中,李白却把蜀道险阻的难度,夸张成更难于上青天。上青天,本已是难事,而蜀道之难却有过之而无不及,足见蜀道惊险。而"蜀道之难难于上青天,使人听此凋朱颜",更将蜀道的崎岖盘错,与青春容颜相扣。倒是令人想起,相传伍子胥过昭关,内外交逼之下,竟然一夜就白发苍苍的传奇。

而众人娴熟苏轼的《水调歌头》:"明月几时有,把酒问青天",青天与明月的感伤意象,到最后以"人有悲欢离合,月有阴晴圆缺,此事古难全。但愿人长久,千里共婵娟"作总结,把对空望月的愁绪,交织一种绵绵无尽的情感网络,"青天"未尝不是一种慰藉的来源。

然而,"青天"既非大自然的一环,非壮志凌云,亦非淡淡怀思,而是一种空荡不安的表征,但看李商隐《嫦娥》一诗:"嫦娥应悔偷灵药,碧海青天夜夜心"的"青天",着实有别于众诗人的诗路。"青天"在李商隐笔下,俨然成为无边无境的孤寂难耐,夜夜复夜夜,得面对孤独侵吞的苦境。